はじめての哲学的思考

苫野一徳 Tomano Ittoku

★――ちくまプリマー新書
276

目次 ＊ Contents

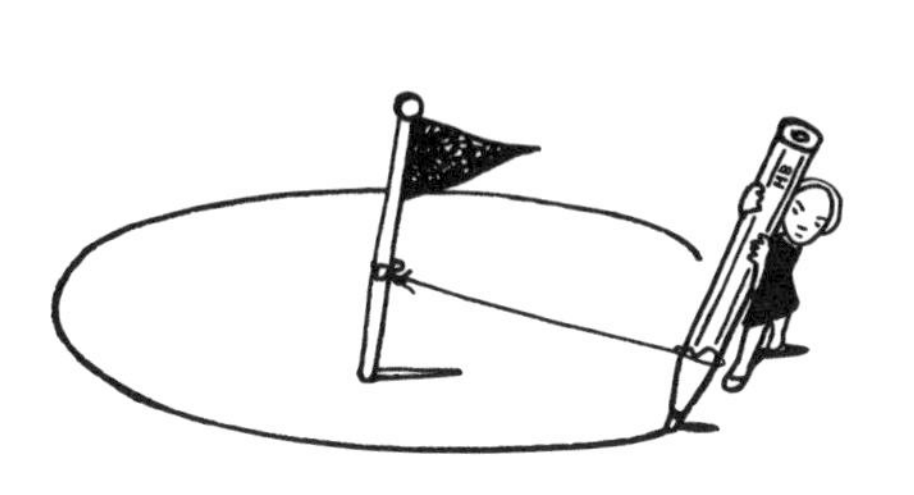

イラスト・大高郁子

まえがき

「哲学は究極の思考法である」

こんな、ちょっと挑発的な出だしからはじめてみたい。

というのも、哲学は二五〇〇年以上の長きにわたって、人類がさまざまな問題を考えるためにとことん磨き抜いてきた知の結晶であるからだ。

人はどうすれば幸せになれるのか？　どうすれば平和な社会を築けるのか？　どうすれば人と人は分かり合えるのか？　恋とは何か？　愛とは何か？　宗教とは何か？　言葉とは何か？　生きる意味とは何か？

こうしたさまざまな問題に、哲学はこれまでにちゃんと〝答え〟を見出してきた。もちろん、それは絶対の正解というわけじゃない。でも、「なるほど、それはたしかに本質的だ！」とうなってしまうような考え方を、哲学者たちは長い思考のリレーを通して築いてきたのだ。

でも、この〝考え方〟と〝答え〟の数々は、今一部の専門家だけに独占されて、多くの人の手の届かないものになっている。

それはあまりにもったいないことだ。

現代を生きる僕たちは、日々さまざまな問題に悩まされている。なぜ学校に行かなきゃいけないんだろう？　どうすればいじめをなくせるんだろう？　どうすれば不幸から逃れられるんだろう？　将来どう生きていけばいいんだろう？　そんな実存的な問題から、どうすればテロをなくせるんだろう？　どうすれば貧困をなくせるんだろう？　といった社会的な問題にいたるまで、だれもがいろんな問題をそれぞれの仕方で考えている。

でも、こうした問題は、ただやみくもに考えていても答えが出るようなものじゃない。考え方にはコツがある。そして哲学は、そんな数々のコツの宝庫なのだ。


本書で僕は、そんな哲学的思考の〝奥義〟を、読者のみなさんに惜しみなくお伝えしたいと思う。この二〇〇〇年あまり、哲学はあまりにむずかしく、そして専門的になりすぎてきた。その壁を、僕たちはそろそろ壊してしまう必要がある。そしてこの力強い思考法を、だれもが自分自身の問題を考えるために役立てられる地図として、明るみに出す必要がある。僕はそう考えている。

○

今、日本もふくめ世界の学校では、「哲学対話」や「子ども（のための）哲学」と呼ばれる実践が少しずつ広がりつつある。学校だけでなく、カフェなどで開催されている「哲学対話」も、静かなブームになって久しい。僕も、小・中・高校をはじめ、いろんなところによく哲学対話をしに出かけている。

でも、さっきもいったように、哲学的思考や哲学対話にはちょっとしたコツがある。そうしたコツを知らずに、なまじ哲学的な対話をしてしまうと、非建設的な議論に終始して、僕たちはかえって対話への希望を失ってしまうことがある。

そこで本書では、僕がこれまでに行ってきた「哲学対話」の方法やその具体例もまたお伝えすることにしたいと思う。もしご興味があれば、関心のある人たちで集まってやってみたり、読者の中に学校の先生がいらしたなら、希望する生徒たちと実践したりしていただければ嬉（うれ）しく思う。

本書は全部で17講からなっている。第1講から順に読み進めてもらえれば、哲学とは何かが理解でき、またその思考の奥義を順々にインストールしてもらえるんじゃないかと思う。六つあるコラムには、本書に登場する哲学者や、彼らの著作のワンポイント解説なども載せている。ご興味に合わせてお読みいただければ幸いだ。

それでは早速、人類二五〇〇年の英知がつまった、哲学的思考の世界へと足を踏み入れていくことにしよう。

第1部

哲学ってなんだ?

第1講　哲学は役に立つ

第1部では、そもそも哲学とはいったい何なのか、その深奥にせまりたいと思う。

といっても、〝テツガク〟と聞くと、多くの人は、実生活に大して役に立たない、何だかよく分からない難しそうなことを考えているもの、というイメージを持つんじゃないかと思う。

たしかに、「私ってなんだろう？」とか、「時間ってなんだろう？」「愛ってなんだろう？」「言葉ってなんだろう？」「生きる意味ってなんだろう？」とかいったいかにも哲学的な問いは、それだけ聞くとあんまり役に立つ感じはしない。

哲学者と呼ばれる人たちも、そうしたさまざまなことがらの「そもそも」を、どこまでも考えずにはいられない人間だ。だからまともに相手をしたら、はっきりいって面倒くさくて仕方ない。

西洋哲学の父、ソクラテス（紀元前469―399年）は、古代ギリシアのアテナイで、道行く人びとに「ねえ君、君、恋とはいったい何だと思うかね？」などと問いかけて、多くの人をげんなりさせていた。
「それは胸のドキドキ」とか「食事もノドを通らなくなる気持ち」とかいおうものなら、ソクラテスは、「そんなものは恋の本質じゃない。単なる症状だ」みたいなことをいうものだから、人びとはついには、「はいはい、分かりましたよソクラテスさん。もういい加減にしてください」と、彼のもとを去っていくのだった。

そんなソクラテスに、ある時カリクレスという政治家がこんなことをいった（プラトン『ゴルギアス』）。

「ねえソクラテス、正義とは何かとか、徳とは何かとか、いい年した大人がそんなことばかり考えているのは滑稽だよ。若い時に哲学に熱中するのはまあいいとしても、あなたももうおじさんなんだから、もっと処世術とか、儲け術とか、そういう人生の役に立つことを考えたまえ」

ソクラテスの時代から、哲学は役に立たないとバカにする人はたくさんいたのだ。

〝本質〟をとらえる

でも、僕はあえていいたいと思う。哲学は、僕たちの人生に、ある独特の仕方でとても役に立ってくれるものなのだ、と。

たとえば、今あげた私、愛、恋、生きる意味……。これらの本質を知ることができたなら、それってちょっとすごいことじゃないだろうか？

ちょっとすごいだけじゃない。本質をとらえること、これは僕たちが物を考える時の、実は一番大事なことなのだ。

たとえば教育について考えてみよう。もしも僕たちが、その本質について十分な共通了解を持っていなければ、教育論議は、それぞれがそれぞれの〝教育観〟をぶつけ合うだけの、ひどく混乱したものになるだろう。実際、ちまたの教育論議は、「叱るべきか、ほめるべきか」とか、「体罰はありか、なしか」とかいった対立に満ちている。

その意味でも、哲学が「そもそも教育とは何か？」と問うことは、とても大事なことなのだ。

もちろん、哲学者じゃなくても「教育とは何か？」と考えることはある。でも、こうした「そもそも」を考えるための〝思考法〟を、二五〇〇年もの長きにわたってとことん磨き上げてきたものこそが、哲学なのだ。だから、僕たちがその思考法を身につけているといないとでは、思考の深さと強さにおいて圧倒的なへだたりがある。

そんなわけで、哲学とは何かという問いにひと言（こと）で答えるなら、それは**さまざまな物事の〝本質〟をとらえる営み**だということができる。

そんなこと本当にできるの？　そう思う人もいるかもしれない。特に現代は「相対主義」の時代。つまり、世界には絶対に正しいことなんてなく、人それぞれの見方があるだけだという考えが、広く行き渡っている時代だ。

たしかにもちろん、この世に絶対に正しいことなんてない。でもそれは、だからといって、僕たちが何につけても〝共通了解〟にたどり着けないことを意味するわけじゃない。

僕たちは、お互いに話をつづけていくうちに、「なるほど～それってたしかに本質的だ」と納得し合えることがある。だから、恋っていったい何なのか、教育って何なのか、といったテーマについても、対話を通して、その〝本質〟を深く了解し合える可能性がある。

繰り返すけど、それは「絶対の真理」とは全然ちがう。あくまでも、できるだけだれもが納得できる本質的な考え方。そうした物事の〝本質〟を洞察することこそが、哲学の最大の意義なのだ。

相対主義の現代、人びとは――哲学者たちでさえ――「絶対に正しいことなんて何もない」といって問題を済ませようとする傾向がある。「よい社会って何だろう?」「よい教育って何だろう?」みたいなむずかしい問いに直面すると、「ま、考え方は人それぞれだよね」で済ませようとする傾向がある。

でも、僕たちの人生にはそれでは済まない時がある。対立を解消したり、協力し合ったりするために、何らかの〝共通了解〟がどうしても必要になる時がある。

そんな時、哲学は、「ここまでならだれもが納得できるにちがいない」という地点まで考えを深めようとする。そしてすぐれた哲学者たちは、いつの時代も、もうこれ以上は考えられないというところまで思考を追いつめて、それを多くの人びとの納得へと投げかけてきたのだ。

民主主義は哲学者たちが考えた

たとえば、今僕たちが暮らしている民主主義社会。その源流は、二百数十年も前の、ジャン゠ジャック・ルソー(1712―78)やG・W・F・ヘーゲル(1770―1831)といった哲学者たちが見出した「よい社会」の〝本質〟にある。

それまでの時代、人びとはただひたすら戦争を繰り返してきた。戦争がとりあえず休止するのは、多くの場合、戦いに勝利した者がその地を支配した時だった。つまり人類は、一万年以上にわたって、激しい命の奪い合いか、そうでなければ権力者が支配する時代を生きてきたのだ。

この悲惨な戦争を、どうすればなくすことができるだろうか？　これは哲学者たちが何千年も考えつづけた問いだった。

戦争は天災のようなもの、だからなくすことなんてできない。そう考える思想家たちもいた。戦争は〝神の意志〟だと考える人たちもいた。

春秋時代末期の中国の思想家、孔子（こうし）（紀元前552―479）は、人びとが己の分を知り「礼」を重んじるならば、社会秩序は安定すると考えた（『論語』）。あるいは老子（ろうし）（紀元前6世紀頃）は、ただ宇宙の調和の原理である「道（タオ）」に従えという、「無為自然」の思想を説いた（『老子』）。

でも、だれもが「礼」を重んじるとか、「無為自然」でいるとか、現実にはそう簡単なことじゃない。

一方、ヨーロッパでは、一七世紀にトマス・ホッブズ（1588―1679）という哲学者が現れて、戦争をなくしたければ、みんなの合意で最高権力者を作り出し、その人に統治してもらうほかないと訴えた（『リヴァイアサン』）。

ここで重要なのは、「みんなの合意で」という点だ。ホッブズは、ヨーロッパの絶対王政を理論的に支えた人、と非難まじりにいわれることもあるけど、それはちょっといいすぎだ。ホッブズはホッブズなりに、だれにとっても平和な「よい社会」の本質は何かと考えたのだ。

とはいえ、ホッブズの思想にはやっぱり大きな問題があった。

たしかに、権力者が社会を統治すればひとまず戦争はなくなる。でも、そうすれば大多数の人民は、ただ支配されるだけの自由のない存在になる。

そこで現れたのがルソーだった。ホッブズは、人民は権力者に従えといった。でも、これをある意味ではひっくり返す必要がある。つまり、いったん作り上げられた権力もまた、人民の合意に従わせなければならない。強力な権力者が、ではなく、みんなの合意によって社会を作ろう。ルソーはそう訴えたのだ。そしてそれが、現代の民主主義社会の土台になった（『社会契約論』）。

自由を認め合う

ヘーゲルは、ルソーの思想を受け継ぎ、この問題をさらに徹底して考えた。なぜ人間だけが戦争をするのか？　ヘーゲルは、それは僕たち人間が**「生きたいように生きたい」という欲望、つまり「自由」への欲望**を持っているからだと考えた。だから人類は、互いに自分の「自由」を主張し合って、いつ果てるともしれない命の奪い合いをつづけてきたのだ。

一方が勝者になり、他方が奴隷になっても、そこで戦いが終わることはない。「自由」に生きたい人間は、「自由」を奪われることに我慢ができないからだ。だから、支配された者は、長期的に見れば必ず支配者に対して戦いを挑む。こうして人類は、一万年もの間戦争を繰り返しつづけてきたのだ。

富への欲望、権力への欲望、憎悪、プライド……戦争の理由はたくさんある。でもその一番底には、僕たち人間の「自由」への欲望がある。ヘーゲルはそう主張した。まさにヘーゲルは、人類がなぜ戦争をなくすことができずにきたのか、その〝本質〟を洞察したのだ（『精神現象学』）。

哲学のすごさは、こうやって問題の〝本質〟を明らかにすることで、その問題を克服するための考え方を切り開く点にある。

ヘーゲルの出した答えはこうだ。僕たちが本当に「自由」になりたいのなら、それをただ主張して殺し合うのはやめにしなければならない。かといって、権力者に国を治めさせても、大多数の人の「自由」は満たされない。

じゃあどうすればいいのか？　考え方は一つしかない。お互いがお互いに、相手が対等に「自由」な存在であることを認め合うこと。そのようなルールによって、社会を作っていくこと。おそらくこれ以外に、僕たちが自由に平和に生きる道はない。

これを**「自由の相互承認」**の原理という（竹田青嗣『人間的自由の条件』）。現代の**民主主義の、一番底を支える原理**だ。

ルソーやヘーゲルの思想は、当時の人たちからすれば驚くべき考えだった。王がいて貴族がいて不平等があって、というのは、当時においては「当たり前」のことだったからだ。

でも、今では民主主義社会こそが僕たちの当たり前だ。

考えてみれば、それって本当にすごい話じゃないだろうか？　僕たち人類は、一万年もつづいた戦争や支配―被支配の歴史から多くを学び、ようやくわずか二〇〇年ちょっと前になって、ついにだれもができるだけ自由に生きられる社会のあり方をつかみ取ったのだ。

もちろん、日本でも世界でも、それはまだまだ成熟しているとはいいがたい。テロリズムや格差の問題など、世界は今も大きな問題にあふれている。

でも、僕たちが自由に、そして平和に生きるためには、一国内においても世界的にも、まずは民主主義をもっと成熟させるほかにない。多くの人は、きっとそう考えているはずだ。

それはまさに、ルソーやヘーゲルをはじめとした哲学者たちが、リレーのように考え合い育んできた「よい社会」の本質なのだ。

哲学の奥義

よく、哲学は答えのない問題をただぐるぐる考えているだけだといわれることがある。でもそれはまったくの誤りだ。すぐれた哲学者たちは、前の時代の哲学者たちの思考を受け継ぎ、そしてそれを確実に推し進め深めてきたのだ。

答えのない問題を考えることこそが哲学だ、ともよくいわれる。でもそれもやっぱり誤りだ。少なくとも、それは哲学の半分しかいい当てていない。

残り半分の、もっと大事な哲学の本質がある。

それは、その問題をとことん考え、そしてちゃんと〝答え抜く〟ことだ。

何度もいうように、それは決して絶対の正解なんかじゃない。でも、それでもなお、哲学は、できるだけだれもが納得できるような〝共通了解〟を見出そうと探究をつづけてきたのだ。

「まえがき」でもいったように、本書は、そんな哲学のいわば〝奥義〟ともいうべき思考法を伝えるものだ。

どうすれば物事の本質を見抜くことができるのか？　絶対の正解のない問題に、それでもなおだれもが納得できる〝答え〟を、どうすれば見つけ出していくことができるのか？

その考え方の奥義を、本書では存分に論じていくことにしたいと思う。

第2講　宗教とは何がちがうの？

哲学の話をすると、よく、「それは宗教とはどうちがうんですか？」とか「科学とは何がちがうんですか？」と聞かれることがある。たしかに、哲学のことをよく知らない人にとって、これらは意外に区別がつきにくいものかもしれない。

そこで、今回はまず哲学と宗教、次講では哲学と科学とのちがいについて、くわしくお話しすることにしたいと思う。

宗教は〝神話〟で答えを出す

実は、宗教も哲学も、はじめはほとんど同じような問いについて考えていた。

というより、哲学はそもそも、宗教を母として生まれたものなのだ。

なぜ世界は存在するのか？　どうやってできたのか？　なぜ人間はこんなにも苦しむのか？　どうすればこの苦しみから逃れられるのか？　……宗教も哲学も、長い間こうした問題について考えてきた。

でも、その考え方や解き方は、宗教と哲学とでは大きく異なっている。あとでくわしくいうように、哲学は、できるだけだれもが〝たしかめ可能〟な答えを見つけようとする。

それに対して、宗教はこれらの問いに〝神話〟の形で答えを出すのだ。

たとえば、ユダヤ教とキリスト教の聖典『旧約聖書』によれば、神さまが「光あれ」といった時に世界は始まったとされている。

今から五〇〇〇年くらい前の、古代シュメール文明の宗教では、「始原(しげん)の水」であるナンム女神が、天の神と地の神とを生んだことで世界が始まったとされている。

シュメールと同じように、世界は最初水だったとする神話は、各地の宗教にある。天と地が分かれることで今の世界ができたという神話も、やはり世界中にある。日本の古代宗教においてもまた、世界は天と地の分離から始まったとされている。

ミルチャ・エリアーデ（1907―86）という大宗教学者によれば、このような神話は、人類が約一万年前に農耕をはじめて以来、世界のあらゆる場所で普遍的に見られるようになったという（『世界宗教史』）。

たしかに、水も天も地も、農業には欠かせないものだ。だから、これらが神話の中核を占めたというのは、考えてみれば自然なことだ。

竜退治の神話も、世界中にある。竜は水の象徴。だからその支配は、農耕文明においてはきわめて重大な意味を持っていた。

「ノアの方舟(はこぶね)」に代表される、洪水神話もまた各地に存在する。エリアーデによれば、これは実際の洪水の記録である以上に、世界の終わりと再生を象徴しているという。

農業には、季節の循環や水の循環なんかがとても大事だ。だから人びとは、この世界がいつかその〝循環〟をやめてしまうことを怖れていた。そこで彼らは、古くなった世界がいったん滅びて、また若返ってよみがえるという神話を考え出したんじゃないかということだ。

次に、「なぜ人間はこんなにも苦しむのか?」という問いについて。

宗教は、これに次のような仕方で答えを与えた。

たとえば、ユダヤ教やキリスト教は、アダムとエヴァが禁断の果実を食べてしまったことで、楽園から追放され、以来人間は死と苦しみを味わうことになったと考える。あるいは、古代インドの宗教は、魂は輪廻転生(りんねてんしょう)を繰り返し、それゆえに苦しみもまた永遠に繰り返されるのだと説く。

じゃあ、僕たちはどうすればこの苦しみから救われるのか？

キリスト教は、「それは唯一の神を信仰することによって」と説く。インドの宗教は、「世界の〝真理〟を知ることによって」とか、「ヨーガの〝修行〟を通して」などと説く。

このように、宗教は、「世界はどう始まったのか？」とか「なぜ人間は苦しむのか？」とかいった問いに、それぞれ独自の〝神話〟を通して僕たちに答えを与えてきたのだ。

宗教とは何か？

だから宗教はウソっぽい。そう考える人もいるだろう。

でも、それはちょっと早計な考えだと僕は思う。

なぜなら宗教は、人間精神のいわば総合デパートのようなものだから。

人間の精神的な営みのすべてが、宗教にはこれでもかというほどつまっている。だから宗教は、僕たち人間にとってある圧倒的なリアリティを持っているのだ。

一九〜二〇世紀に活躍した社会学者デュルケーム（1858—1917）は、宗教の本質は

「聖」と「俗」との区分にあると主張した（『宗教生活の原初形態』）。

たとえば、太古の宗教において、ある種の動物や植物、岩石、模様、器物などは「聖なるもの」と見なされていた。

それに対して、日常生活にかかわる一切のものは「俗なるもの」だ。

現代においても、この「聖」と「俗」の区分はやっぱり宗教の本質というべきだろう。神社にお参りに行く時、僕たちは鳥居をくぐって「聖」の世界に足を踏み入れ、手を洗って「俗」世界のけがれをはらう。

デュルケームは、宗教というと僕たちはすぐ「神」を思い浮かべるけど、宗教にとって神は必ずしも本質的なものじゃないという。実際、太古の宗教に神は存在しなかった。神の概念は、文明が進むにつれて、「聖」を代表するものとして生み出されたものなのだ。

「聖」と「俗」の区分。これは僕たち人間にとって、もっとも根本的で普遍的な感受性といえるんじゃないだろうか。

杉の大木に囲まれた山奥の神社、雲海の向こうから現れる朝日、岩肌に彫られた仏像や、薄暗い教会に立つキリストの十字架……。こうしたものに、僕たちは〝こちら〟とは隔絶された〝あちら〟の世界をたやすく見取る。

宗教は、この僕たちのだれもがもっている感受性を養分に生み出されたものなのだ。だから、現代人がどれだけ非科学的だといい立てたとしても、僕たちの心の奥底において、宗教には圧倒的なリアリティがある。

科学のゆりかご

いや、実は宗教は、ある意味では科学とその根を同じくしているとさえいえるのだ。

これについても、デュルケームは次のようにいっている。

宗教は、一般に「超自然的」なもの、つまり非科学的なものを崇拝すると考えられている。でもそれは大きなまちがいなのだ、と。

むしろ宗教は、原始時代の人類が、自然を合理的に理解するために作り出したものだったのだ。

現代人が、数式や記号を使って世界をいわば〝コード化〟（構造化）するように、太古の人類もまた、「聖」と「俗」という区分によってこの世界をコードしていた。

たとえば、原始社会ではもしだれかが「聖なるもの」に不用意に触れてしまったら、天変地異が起こると考えられていた。日本でも、かつてミカドはきわめて神聖な存在だったから、地面に足をつけたり、太陽の下に出たりしてはならないとされていたという。ミカドが地面に足をつけると、大地に異変が起きることになる。そして日の光は、ミカドの頭に降り注ぐ価値などないと考えられたのだ（フレイザー『金枝篇』）。

今からすれば、ひどく滑稽な考えだ。でも、これらはただのメチャメチャな迷信というよりも、太古の人びとが彼らなりに考え出した、世界の因果にかんする〝理論〟だったのだ。

もっとも、神話的な〝理論〟と科学の〝理論〟とは、やっぱり大きく異なるものだ。特に、神話がどうしても一部の地域に限定されてしまうのに対して、科学の理論はかなりの普遍性を持つ。それは、前者が結局は集団的な信仰――つまり信じること――に根ざした理論であるのに対して、後者は観察や実験を通して〝たしかめ合った〟理論であるからだ。

でも、それでもなお、宗教は人類がはじめて世界の因果を合理的に体系化しようとした、科学のゆりかごだったとはいえるんじゃないだろうか。二〇世紀の偉大な人類学者、レヴィ＝ストロース（1908―2009）もまた、太古の宗教的な「野生の思考」を、人類の根源的なすぐれた思考として評価している（『野生の思考』）。

要するに、宗教は科学の精神もまた、ある意味では最初から持ち合わせていたものなのだ。より正確にいうと、哲学も科学も、もとは宗教からのれん分けしてできたものなのだ。

宗教の意義

さらに宗教は、神話や儀礼などを共有することで、集団を強固に結び合わせるという意義も持っている。

いやむしろ、宗教の最大の意義はここにこそあるといっていい。

かよわい人間は、お互いに協力し合うことでしか生きていけない。だから人類は、いつの時代も、つねに何らかの仕方でひとつにまとまる必要があった。

歴史上、宗教ほどその役割を果たしたものはない。

宗教と哲学、あるいは宗教と科学との決定的なちがいは、おそらくこの点に由来する。

哲学や科学は、どれだけ社会的に信じられているものであっても、「それってほんとなの?」とつねに問いつづけようとする。一方、宗教の最大の意義はその集団をひとつにまとめることにあるから、神話や教義や儀礼を人びとが信じることにこそ意味がある。

実際、未開社会では、雨乞いの儀式などをして雨が降ることがなかったとしても、そしてそれが何度もつづいたとしても、その儀式の正しさが疑われることはないという（ブリュル『未開社会の思惟』）。重要なのは、これらの儀式を通して集団がまとまることなのだ。

太古の昔から、人類は「疑う」ことより「信じる」ことを大事にしてきた。みんなが同じ信仰を持つことによって、共同体はひとつにまとまることができたのだ。

さらにもうひとつ、忘れてはならない宗教の意義がある。

信仰を持つ人びとに、絶大な生きる意味を与えるという意義だ。

太古の昔では、それは魂を共同体と一体化させることだった。キリスト教徒にとっては、それは神の御心にしたがって生きることであり、死んだら神の国に行くことにある。信じる者に、宗教は大きな生きる意味を与える。哲学も科学も、その点では宗教にとてもじゃないけど太刀打ちできない。

以上のように、宗教は、聖なるものへの感受性、科学的な精神、共同体との一体化、生きる意味の希求など、人間の精神的な営みのほとんどすべてを含みこんでいる。

だから、どれだけ科学が進歩しても、宗教がなくなることはないだろうと僕は思う。宗教、それは「人間的な、あまりに人間的な」（ニーチェ）営みなのだ。

哲学は〝たしかめ可能性〟を追う

さて、ところが宗教には、宗教ならではの深刻な問題がある。

ひとつは、とりわけ現代社会において、僕たちの多くが特定の宗教を完全には信じ切れないということだ。人類はアダムとエヴァから始まったとか、魂は輪廻転生しているとかいわれても、僕たちにはどこか腑に落ちないところがある。

もうひとつは、異なる宗教や宗派を信じる者同士が、しばしば激しく争い合ってしまうこと。たとえば、キリスト教とイスラーム。カトリックとプロテスタント……。人類の歴史には、異なる宗教や宗派間の、激しい命の奪い合いが数限りなく繰り広げられてきた。

哲学が登場し発展した背景には、実はこうした数々の宗教戦争があった。

西洋哲学の源流は、今から二六〇〇年ほど前の、古代ギリシアにさかのぼる。エーゲ海、イオニア海、地中海と、海に囲まれたギリシアには、当時から多様な民族が行き交っていた。だからきっと、異なる宗教や神話を持つ人びとの間に、激しい争いも起こっていたにちがいない。

古代ギリシアの哲学者たちは、そんな社会背景において現れたのだ。

最初の哲学者といわれているのは、タレス（紀元前624—546頃）という人物。彼はこんなことを考えた。

宗教は、人種や文化によってあまりにちがいがありすぎる。それに、それぞれの宗教の神話が本当に正しいのかどうか、〝たしかめる〟ことができない。だから、神話による世界説明にはちょっと無理がある。

そこでタレスは、自然をじっくり観察してこう考えた。「生物が生きるのに必要不可欠なのは、水だ。それにまた、世界は広大な海に覆われている。ということは、万物はその根本においては水でできているにちがいない！」

有名な、「万物の根源（アルケー）は水である」という説だ。

人類の知の歴史から見れば、ここにはある重要な進歩があった。なぜならタレスは、「水」というキーワードを、信じるべき〝神話〟としてじゃなく、みんなで**〝たしかめ合う〟べき原理**として示したからだ。

実際、その次のアナクシマンドロス（紀元前610—546）という哲学者は、「いや、水では不十分だ。万物の根源（アルケー）は〝無限なもの〟であるというべきだ」といって、タレスを批判した。その弟子のアナクシメネス（紀元前585—528）は、「いや、それは空気だ」といって、師を批判した。

哲学の歴史は、弟子が師匠をとことん批判してきた歴史であるといっていい。その点、教祖さまの教えを忠実に守る宗教とは対照的だ。

先人のすぐれた思想を受け継ぎながらも、足りないところは徹底的に批判する。そして、思考をもっと先へと展開していく。それが哲学の精神なのだ。

このように、哲学は〝たしかめ可能性〟を追うことで、〝たしかめ不可能〟な神話や信仰をめぐる争いに、何とか終止符を打とうと考えてきた。

もちろんこれは、どちらがすぐれているという問題じゃない。これまで見てきたように、宗教には宗教独自の意義がある。とりわけ、それが人びとに生きる意味や平安を与える力は、やっぱり偉大だといわなきゃならない。

それに、前にもいったように、人間精神の総合デパートである宗教には、科学的な知性や哲学的な精神がもともと含まれている。哲学は、その中でも〝たしかめ可能性〟にとことんこだわり、これを磨き抜く道を歩んできたのだ。

哲学は科学に取って代わられた？

さて、でも鋭い読者のみなさんは、こんなギモンを持たれたかもしれない。

あれ？　でもそれなら、哲学と科学はどうちがうの？　と。

世界を〝たしかめ可能〟な仕方で説明するのは、今ではもっぱら科学の仕事だ。タレスやアナクシマンドロスやアナクシメネスたちが考えたことは、今では宇宙物理学や量子力学なんかが、当時とは比較にならないレベルで研究を行っている。

ということは、現代においては、哲学は科学に取って代わられたということなのだろうか？

いや、そんなことはない。むしろ哲学は、今でもなお、科学の土台であるというべきなのだ。

それはいったい、どういうことなのか？

第3講　科学とは何がちがうの？

前講で紹介した、タレスやアナクシマンドロス、アナクシメネスといった古代ギリシアの哲学者たちは、一般に「自然哲学者」と呼ばれている。文字通り、自然はいったいどういうメカニズムで動いているのか、その原理を〝神話〟ではなく観察を通した〝思考〟によって明らかにしようとした人たちだ。

哲学（philosophy）の語源は、philia（愛）とsophia（知）。古代においては、知を愛し探究することは、なんでも哲学とされていた。だから、今なら「自然科学者」と呼ばれる人たちもまた、当時は「自然哲学者」と呼ばれていたのだ。

彼ら自然哲学者たちは、満足な実験道具も技術も持っていなかった。だから、もっぱら〝考える〟ことに頼って世界の謎に取り組んだ。

今の科学から見れば、それはほとんど子どもだましみたいなものだ。だからその観点からいえば、古代の自然哲学は、たしかに科学に取って代わられたといえるかもしれない。

いや、むしろ、自然哲学は自然科学へと〝進化〟したのだというべきだろう。宗教が哲学のお母さんだったように、哲学もまた、その思考や方法（観察・実験など）の進展に伴って、近代の科学を生み出すことになったのだ。

汝自らを知れ

でもその一方で、哲学は科学とは別の方向にも自らを進化させてきた。

その生みの親こそ、タレスら自然哲学者たちから一世紀あまり後に登場した、西洋哲学の父ソクラテス（とその弟子プラトン）だった。

ソクラテスはこんなことを考えた。

哲学が真に考えるべき問題、それは、自然哲学が問うているような〝自然〟や〝世界〟についてじゃない。むしろ、この世界を問うているわたしたち〝人間〟自身である！

古代ギリシアのアポロン神殿には、「汝(なんじ)自らを知れ」という格言が刻まれていた。ソクラテスは、まさにこれこそ、哲学が探究すべき根本テーマだといったのだ。

〝外〟から〝内〟へと目を向けること。これはある意味では、人間の精神が幼年期から青年期へと成長したことのあらわれだったともいえる。

赤ちゃんや子どもは、いつでも〝外〟の世界に興味津々だ。虫や葉っぱや土なんかをさわって、大げさにいえば、世界がどうなっているのかを知ろうとする。

でも、思春期をむかえるころから、僕たちはだんだんと自分自身に目を向けるようになる。「どんな人生を生きるべきだろう？」「自分には何が向いているんだろう？」「幸せってなんだろう？」そんなことを考えるようになる。

自然哲学からソクラテス哲学への展開もまた、おそらくはそれと同じような出来事だったのだ。

ちなみに、ソクラテスが生きたのと同じ紀元前五世紀頃、中国には孔子が、インドには仏陀（ブッダ）が登場している。彼らもまた、「人間とは何か？」「人生はどう生きるべきか？」といった、まさに〝人間〟について考えた人たちだった。

同じ時代、同じような問いを考えた人たちが、不思議なことにまったく異なる文明に現れた。

「意味の世界」と「事実の世界」

今から二五〇〇年前、人類は突如として知の大革命を経験したのだ。

ソクラテスの考えを、哲学と科学の関係という観点から、僕なりに大胆にいい直してみたい。

科学が明らかにするのは、いわば「事実の世界」のメカニズムだ。それはたとえば、物を手放せば落ちるとか、DNAは二重らせん構造をなしているとか、人は恋をしている時、脳の腹側被蓋野(ふくそくひがいや)が活性化しているとか、フェニルエチルアミンやドーパミンが分泌されているとかいった、文字通り「事実」の世界だ。

それに対して、哲学が探究すべきテーマは、〝真〟〝善〟〝美〟をはじめとする、人間的な「意味の世界」の本質だ。

「〝ほんとう〟のことってなんだろう?」「〝よい〟ってなんだろう?」「〝美しい〟ってなんだろう?」そして、「人生いかに生くべきか?」

こうした**意味や価値の本質こそ、哲学が解き明かすべき問い**なのだ。

僕たちは、科学が対象とする「事実の世界」だけじゃなく、豊かな「意味の世界」もまた同時に生きている。恋をした時の僕たちは、フェニルエチルアミンがどうというより、その味わい深い恋の「意味の世界」をこそ生きる。

哲学者の西研（にしけん）（1957—）がいうように、科学は、恋をしている人の脳からどんな化学物質が出ているかを明らかにすることはできる。でも、僕たちにとって恋とはいったい何なのか、その〝意味〟の本質については、ほとんど何も教えてはくれない（『哲学的思考』）。

それを明らかにするのは、哲学の仕事なのだ。

僕らは「意味の世界」をこそ生きている

さらにいえば、哲学が探究する「意味の世界」は、実は科学が探究する「事実の世界」に原理的に先立つものだ。

え？　どういうこと？

と、多くの人は疑問に思うんじゃないかと思う。

僕たちの多くは、ふだん、世界は科学的な法則に支配されていると思い込んでいる。天体法則とか人体のメカニズムとか、脳の働きとかDNAの仕組みとか、そういった〝事実〟こそが先にあるのであって、〝意味〟は、そうした事実に人間があとからくっつけたものだと考えている。

でも、事態はまるっきり逆なのだ。

というのも、いわゆる〝事実〟は、僕たちの「意味の世界」のアンテナにひっかからないかぎり、決して〝事実〟として認識されることがないからだ。

たとえば、天体法則という〝事実〟が存在するのは、僕たちがこの法則に〝意味〟を見出しているからだ。

太古の昔から、人類は農耕を行うためにそのメカニズムを知る必要があった。あるいはその〝美〟に魅せられて、天体を観察しつづけてきた。

同じように、人体のメカニズムを僕たちが知っているのは、それが僕たちにとって意味あるものであるからだ。健康や長寿に〝意味〟を見出しているからこそ、人類はその謎に挑みつづけてきたのだ。

もしも僕たちが、こうした〝意味〟のアンテナを持っていなかったなら、天体法則や人体メカニズムといった〝事実〟は、僕たちにとって存在することさえなかっただろう。

「絶対の真理」なんて（分から）ない

いやいや、それはそうかもしれないけど……と、まだ腑に落ちない方も多いだろう。

たしかに、〝事実〟は僕たちの〝意味〟のアンテナにとらえられないかぎり、僕たちにとって存在しないのかもしれない。でも、たとえそうだったとしても、天体法則はやっぱり客観的に存在するし、DNAは太古の昔から二重らせん構造をなしていたんじゃないの？　つまり、科学的な事実は、人間がいようがいまいが、やっぱり客観的な事実といえるんじゃないの？　そう思う人もいるだろう。

でもそれは本当だろうか？

極端な話をすれば、もしも人類よりはるかに知能が進んだ宇宙人がいたとしたら、彼らの住む「事実の世界」は、僕たちの世界とは大きく異なっているだろう。三次元や四次元どころか、彼らは二〇次元くらいの世界に生きているかもしれない。その世界では、DNAは二重らせん構造をなしていないかもしれないし、時間だって存在していないかもしれない。

いや、そんなとっぴな例を持ち出さなくても、もっと身近な、たとえば犬やネコやカラスなんかを考えてみてもいい。

犬やネコは、人間のようには色が認識できないといわれている。一方カラスは、人間には認識できない紫外線を認識できるという。だから、どうやらお互いを黒色とは認識していないらしい。

要するに、犬やネコやカラスは、僕たちにとっての「事実の世界」と、いくらか異なった世界を生きているのだ。

それはつまり、僕たちもまた、「僕たちにとっての事実の世界」をしか生きられないということだ。

哲学者のニーチェ（1844―1900）は、次のような有名な言葉を残している。

> まさしく事実なるものはなく、あるのはただ解釈のみ

と。そしていう。

> 事実がありうるためには、一つの意味がつねにまず置き入れられていなければならない

と。（『権力への意志』）

僕たちは、僕たちの「意味の世界」に照らし出されたかぎりにおいてしか、「事実の世

界」を知ることはできないのだ。

無色透明な「事実の世界」（客観的な真理）なんて、僕たちは決して知り得ない。それはいつも、僕たちの「意味の世界」の色を帯びているのだ。

これが、「意味の世界」は「事実の世界」に原理的に先立つということの意味だ。

哲学は科学にどう役に立つ？

こうして、「意味の世界」の本質を明らかにする哲学は、科学の営みの土台をなすものだということができる。

繰り返しいってきたように、「事実の世界」は「意味の世界」を土台にして成り立っている。それはつまり、僕たちは「意味の世界」のことを深く理解しないかぎり、「事実の世界」のこともちゃんと理解できないということだ。

じゃあ、そんな「意味の世界」を探究する哲学は、現代の科学にいったいどう役に立っているんだろうか？

次講はこの点について、具体的にお話しすることにしたいと思う。

客観的な「事実の世界」があって、それに人間が「意味」をくっつけているわけじゃない。反対に、僕たちの「意味の世界」のアンテナにひっかかってはじめて、「事実の世界」は僕たちにとって存在することができるのだ。

前講ではそんなお話をした。

その意味で、哲学は科学をその根本から支えるものだ。「意味の世界」の本質を理解しないかぎり、「事実の世界」のことも、僕たちは深く知ることはできないからだ。

「事実」をめぐる対立

とはいえ、科学はふだん、そんな面倒くさいことを考える必要はない。

物を手放せば落ちるとか、地球は太陽のまわりを回っているとか、そういったことは、とりあえず僕たちのだれもが〝事実〟として認識している（信じている）ことだ。だからその〝事実〟を、「いやいや、これも本当は絶対の真理じゃないかもしれない。だってもしも宇宙人がいたら……」なんて、いちいち考える必要はない。

でもその一方で、科学には「そもそも事実って何なんだ？」と考えなければならない時がある。

それはとりわけ、〝事実〟とされるものが人によって異なる時だ。

社会科学（経済学、政治学、社会学、歴史学、教育学など）と呼ばれる分野において、これは時に大きな問題になる。

たとえば、教育学や社会学の世界では、さまざまな科学的（統計的）な調査を通して、かつて子どもたちの「学力低下」を〝事実〟として指摘する人たちがいた。でも他方では、そんな〝事実〟なんかないと主張する人たちもいた。

なぜそんなことが起こるのか？　その一つの理由は、人によって何を「学力」とするかにズレがある点にある。

つまり彼らは、お互いに異なった「意味の世界」を生きていたのだ。だから、「事実の世界」においてもまた、両者はまったく異なった認識をしてしまったのだ。

そんな時、僕たちは「そもそも学力とは何か」という〝意味〟の本質を探究する必要がある。その〝共通了解〟を見出す必要がある。そうでなければ、教育学や社会学は、いつまでも対立や混乱をつづけることになってしまうだろう。

「意味の世界」の〝本質〟を探究する哲学は、だからつねに、社会科学の土台になければならないものなのだ。

恋を科学するとしたら

いや、社会科学だけじゃなく、物理学や脳科学などのいわゆるハードサイエンスさえ、やっぱり哲学がその土台を支える必要がある。

たとえば、僕はかつて恋を科学的に分析する論文や本をたくさん読んだのだけど、その時「あれ？」と思ったことがあった。

前講でもいったように、人が恋をしている時は、脳内からフェニルエチルアミンやドーパミンやオキシトシンといった化学物質が出ているという。

でも、僕が読んだかぎりでは、そもそも何をもって恋とするかにおいて、恋愛を研究している科学者たちの間にはどうもズレがあるようなのだ。

人によっては、それは〝愛〟とほぼ同じものと考えられている。また、人によっては〝性欲〟と同一視されている。そんなふうに、人によって何を恋とするかがバラバラだから、研究の成果にもいくらかばらつきがあるように見えた。

だから、本当は科学者だって、「そもそも恋って何なのか？」とその〝意味〟の本質に向き合う必要があるのだ。そうでなければ、それぞれが思い思いにとらえた恋を研究することになって、恋の科学はいつまでも混乱しつづけることになるだろう。要するに、「恋の哲学」が先になければ、「恋の科学」も本来なり立たないはずなのだ。

もちろん、科学はいつでも哲学を必要とするわけじゃない。でも、もしも科学者たちが、「あれ？　自分が研究しているこの〝事実〟って、そもそもいったい何なんだ？」と疑問を持つことがあったとしたら、その時こそ哲学の出番なのだ。

哲学は科学を導く？

もう一つ、これまでとはちょっと別の観点から、科学の土台としての哲学についてお話ししておきたい。

現代の科学技術の進歩はめざましい。その恩恵は、どれだけ強調してもしすぎることはない。

でもその一方で、「〇〇できる」ことが、即座に「〇〇していい」ということには、必ずしもならない。

たとえば、核兵器。

僕たち人類は、原子核を分裂させる技術を持っているからといって、この地球上にいくつもの原子爆弾を作っていいものなのか？

あるいは、クローンや遺伝子操作といった、生命倫理にかかわる技術。

ユアン・マクレガーとスカーレット・ヨハンソン主演の『アイランド』という映画には、臓器移植用に〝飼育〟されるクローン人間たちが登場する。彼らは、そうとは知らずに隔離施設の中で日々を暮らし、そして時が訪れると、臓器移植のため施設を連れ出されるのだ。

そうしたことが、今後現実に起こらないとはかぎらない。でも、それははたして〝よい〟ことといえるだろうか？

昨今の脳神経科学の発達も、同じような問題を僕たちに投げかけている。

たとえば、今や人類は、スマートドラッグという薬によって、記憶力などの脳機能を爆発的に高めることが可能になった。ニューロエンハンスメント（認知強化）と呼ばれている。

でもそれって、本当に〝よい〟ことといえるのだろうか？

いいとするなら、どの程度まで？　だめだというなら、いったいなぜ？

こうした問いに、科学だけで答えを出すことはできない。なぜならこれは、文字通り〝意味〟や〝価値〟の世界の問題だからだ。つまりこれらは、本質的に哲学的な問いなのだ。

絶対の答えは、もちろんない。でも哲学は、これらの問いに〝共通了解〟可能な答えを見出そうととことん考える。そしてその〝答え〟をもって、時に科学の行く先を指し示す必要があるのだ。

こうして僕たちは、第1講でお話しした「哲学ってなんだ？」という問いに舞い戻ってきた。

哲学、それは、さまざまな物事の〝本質〟を明らかにするものだ。恋の本質、人間の本質、言葉の本質、教育の本質、よい社会の本質……。

〝哲学的思考〟とは、こうした物事の〝本質〟を明らかにする思考の方法なのだ。

科学が、観察や実験を通して「事実の世界」のメカニズムを明らかにするように、哲学にもまた、「意味の世界」の本質を明らかにするための独自の方法がある。前にもいったように、哲学は二五〇〇年の長きにわたって、その思考法を磨き上げてきたのだ。

そこで第2部では、その思考の〝奥義〟を、初歩の初歩から一歩ずつお伝えしていくことにしたいと思う。

【コラム①】ソクラテス

ソクラテスは一文字も著作を残さなかった。今日彼の思想を知ることができるのは、とりわけ彼の弟子プラトンのおかげだ。ソクラテスとその友人や論敵たちとの対話を、プラトンは書き残した（もちろん、その中にはプラトン自身の哲学も色濃く反映されている）。

ソクラテスの生き様（と死に様）を知りたい人には、教科書でもおなじみの『ソクラテスの弁明』をぜひおすすめしたい。本書には、「アテナイの青年たちを堕落させ、国家の信じる神々を認めなかった」という罪をきせられ裁判にかけられたソクラテスの「弁明」が描かれている。

ソクラテスの罪は、かつてソクラテスとの議論でやりこめられて恥をかかされた有力者たちによる、いわば〝でっち上げ〟だった。だから、おとなしく謝れば無罪にだってなれた。ところが裁判でもまた彼らをやりこめてしまったものだから、腹を立てた裁判官らによって、死刑を宣告されてしまうことになる。

逃げようと思えば逃げられた。けれどソクラテスは、不正に対して不正で応じるのはよろしくないと主張して、脱獄をすすめる友人たちの手を振りほどき、自ら毒杯をあおって死んだ。命をかけて哲学する姿に感動を覚えると同時に、ずいぶんと偏屈で変わり者だったことも伝わってくる。

ちなみに、当時のギリシアでは成人男性と少年との恋愛が一般的だったのだけど、ソクラテスは、「シビレエイ」にもたとえられるくらい少年たちにモテたといわれている。その知性あふれるエキセントリックさや、哲学への真摯さが、若者たちの目にはたまらなくカッコよく映ったのにちがいない。

第2部

哲学的思考の奥義

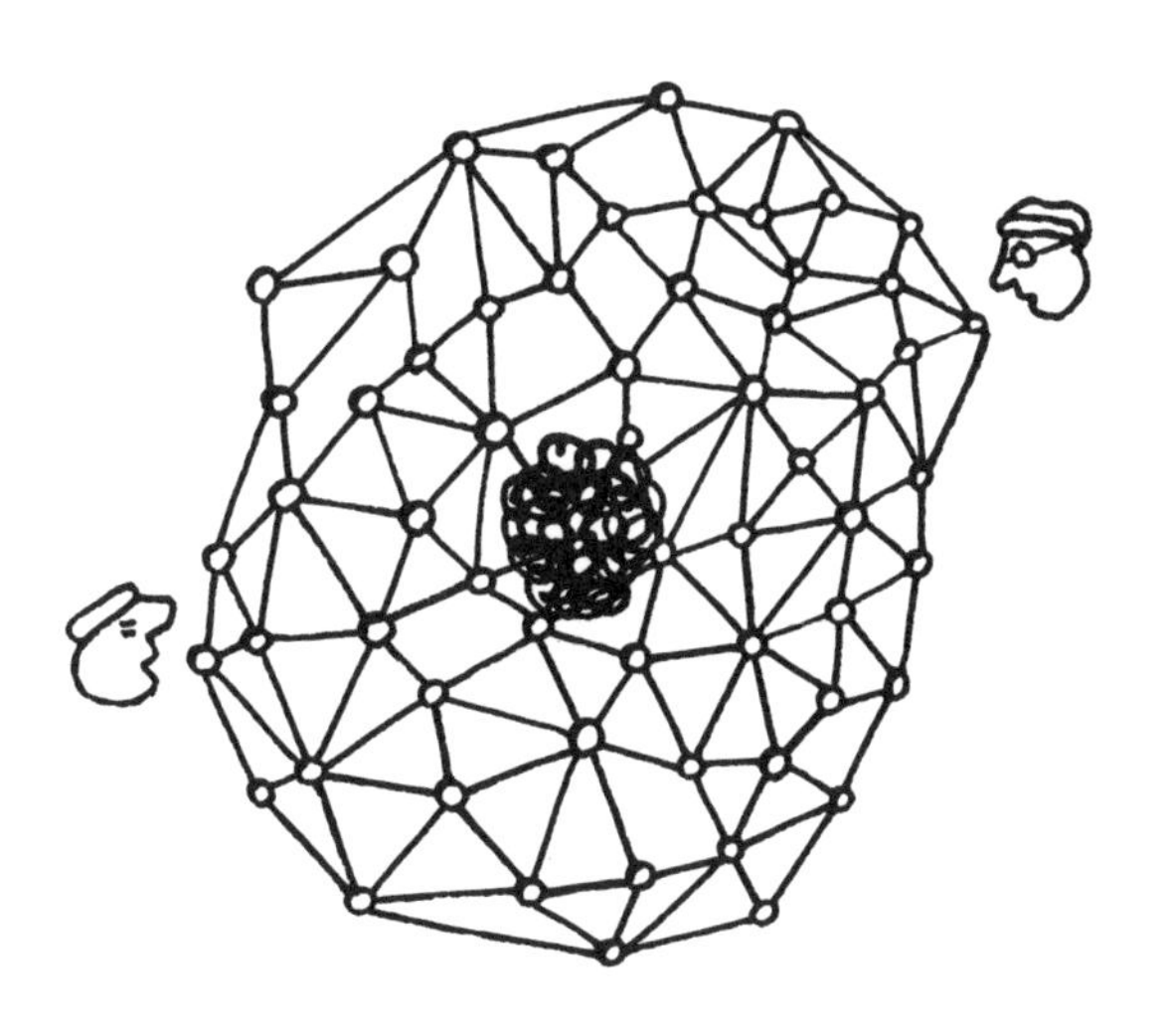

第5講　「一般化のワナ」に注意しよう――哲学的思考、その前に①

哲学的思考の〝奥義〟をお伝えする前に、本講と次講では、その一歩前の思考法についてお話ししたい。

ポイントは二つある。一つは「一般化のワナ」に陥らないという話。もう一つは、「問い方のマジック」にひっかからないという話だ。かつて『勉強するのは何のため？』という本にも書いたことがあるのだけど、ここではまたちょっと別の角度から、改めて述べることにしたいと思う。

今回はまず「一般化のワナ」について。

〝経験〟に要注意

最初に、次のようなテーマについてちょっと考えてみよう。

僕たちの社会では、生まれた家庭環境などのちがいによって、その後の社会的地位に大きな差が出てしまうことがある。

たまたまお金持ちの家に生まれたおかげで、幼い頃から豊かな教育の機会に恵まれ、大きな社会的成功を収めることができる人たちがいる。でもその一方には、たまたま貧しい家に生まれて、満足な教育を受ける機会も得られず、その日暮らしの生活を余儀なくされる人たちがいる。

そんな社会を、みなさんはどう考えるだろうか？

こうした問題を、僕たちは基本的に自分の〝経験〟をもとにして考える。

お金持ちの家に生まれた人なら、その恵まれた〝経験〟を当然のこととととらえて、社会はそもそも不平等なものだと主張するかもしれない。

あるいは、同じように裕福な家庭に生まれたとしても、社会の不平等について見聞きした〝経験〟を通して、そんな社会を是正する責任を感じる人もいるだろう。

貧しい家に生まれた人は、そのつらい〝経験〟から、不平等な社会を激しく断罪することもあるかもしれない。その一方で、努力に努力を重ねて貧しさからはい上がった〝経験〟を持つ人は、「貧乏人には根性が足りない」などというかもしれない。

だれもが経験をもとにして考える。だからそのこと自体に、特に問題はない。

でも、そうした自分の経験を過度に〝一般化〟して、まるでそれが絶対に正しいことであるかのように主張したとしたら、それは大きな問題だ。

「貧しい奴らは努力が足りん！」「自己責任だ！」とか、その反対に、「金持ちはみんな私利私欲に走ってけしからん！」とか、そんな話はあちこちで聞く。

でもそれは、あまりにひどい〝一般化〟なのだ。

どれだけがんばっても、病気や親の介護といったさまざまな理由で、どうしても貧しさからはい上がれない人だっている。稼いだお金を、社会にどんどん還元しているお金持ちだってたくさんいるだろう。

にもかかわらず、僕たちはあまりにしばしば、自分の経験を過度に一般化してしまうのだ。

こうした思考を、僕は「一般化のワナ」と呼んでいる。

対話や議論において重要なのは、こうした「一般化のワナ」に陥ることなく、お互いの経験や考えを交換し合って、どこまでなら納得し合うことができるのか、その〝共通了解〟を見出そうとすることだ。

右の例でいえば、「貧困は自己責任だ」とか、「いや、不平等な社会こそが絶対の悪だ」とか、過度の〝一般化〟をするのじゃなく、たとえば、「どのような平等をどこまで実現すべきなのだろう」といった仕方で、お互いの考えをすり合わせていく必要がある。

いわれてみれば当たり前のことだ。でも僕たちは、この「一般化のワナ」に、案外簡単にひっかかってしまうものなのだ。

国や地方の「有識者会議」なんかでも、自分の経験を過度に一般化する「有識者」はけっこう多い。「わたしはこんな教育方法でわが子をトップアスリートに育て上げた。だからすべての学校は、この教育方法を取り入れるべきだ！」みたいな感じだ。

でも僕たちは、自分の経験はあくまでも自分の経験にすぎないんだということを、ちゃんと自覚しておく必要がある。そのトップアスリートにとっては、たまたまその教育が合っていただけなのかもしれないのだ。

〝信念〟に気をつけろ

これまで僕は、哲学は物事の〝本質〟を洞察する思考の方法だと繰り返しいってきた。

これを、哲学では「**本質観取**（かんしゅ）」と呼ぶことがある。恋の本質とは何か？　教育の本質とは何か？「よい」社会の本質とは何か？ そうしたことがらの〝本質〟を、上手に観取する、つまりつかみ取ること。だれもができるだけ、「なるほど、それはたしかに本質的だ」とうなってしまうような言葉をつむぐこと。それが本質観取だ。

その具体的な方法については、本書の後半でじっくりお話しすることにしたいと思う。

今回おさえておいていただきたいのは、この本質観取をやるにあたっても、「一般化のワナ」に陥らないよう、十分気をつける必要があるということだ。

たとえば、何人かで「教育」の本質観取をしたとしてみよう。

とりわけ教育は、だれもが受けた経験があるから、多くの人が自分の信念を強固に持ってしまいやすいテーマだ。

激しい学力競争に打ち勝ってきた人なら、教育とは競争を通した序列化である、などというかもしれない。あるいは、学校にひどくイヤな思いをさせられてきた人なら、教育とは子どもを権力に従順な人間にするための監獄である、などと主張するかもしれない。

そうした考えを、個人の意見として主張するのは別にかまわない。でも僕たちは、本質観取をやるにあたっては、それが「一般化のワナ」に陥った意見になってはいないか、たえず振り返る必要がある。そうでないと、互いに自分の経験や信念をただ表明し合うだけになって、物事の本質を洞察することなんてできないだろう。

強い〝信念〟にこだわればこだわるほど、僕たちの本質観取の目は、多くの場合曇らされてしまう。だから僕たちは、そんな自分の〝信念〟に特に自覚的である必要があるのだ。

議論の作法

何年か前、平均年齢七五歳くらいの、これまでの日本経済を率いてきた重鎮の方たちの前で講演をしたことがあった。テーマは、これからの教育をどう構想・実践していけばいいかというものだった。

当然、重鎮の方々はこのテーマについていいたいことが山ほどある。みなさん、身を乗り出して、三〇そこそこの若僧の話を眼光鋭く聞いてらっしゃった。実におそろしい時間だった。

ところが、この「一般化のワナ」の話をしたあたりから、重鎮たちの表情が変わりはじめた。

一時間の講演のあと、質疑応答やディスカッションの時間になると、次々に手があがった。

そして各々、「教育勅語を復活させるべきである！」とか、「道徳をもっと教え込むべきである！」

とかいった持論を勢いよく展開された……のだけど、そうした話を始められる前に、みなさん必ずといっていいほど、僕にこういってくださったのだ。

「自分の経験を一般化しすぎているかもしれませんが……」

「これは〝一般化のワナ〟かもしれませんがね……」

そのたびに、会場には温かな笑いが起こった。

たったひと言、でもこのひと言が、本当に大事だと僕はその時改めて思った。

「一般化のワナにひっかからない」。このちょっとした心構えが、議論をぐっと建設的にする。あの経済界の重鎮たちは、最初にあのようにいうことで、持論を一方的に主張するのでなく、僕との間に対話のチャンネルを開いてくださったのだ。

自分の信念を、ただ相手にぶつけるのではない。もしかしたらこれがひとりよがりな考えかもしれないということを自覚した上で、相手に投げかける。そうやって、自分の考えの〝共通了解可能性〟を問う。

それが、僕たちが対話や議論をする時に、もっとも大事なことなのだ。

第6講　「問い方のマジック」にひっかからない——哲学的思考、その前に②

あっちが正しい？　こっちが正しい？

哲学的思考の初歩の初歩。その第二点目は、「問い方のマジック」にひっかからないということにある。

「問い方のマジック」、それはいわゆる二項対立的な問いのことだ。

たとえば、こんな問い。

Q. 教育は子どもの幸せのためにあるのか？　それとも、国家を存続・発展させるためにあるのか？

僕自身は、この「問い方のマジック」で人をあざむくのが好きじゃないので、授業や講演なんかでも、この話をする時、どちらが正しいと思うか手をあげてもらうなんてことはやらない。

でも、ここで「はい、子どものためだと思う人？」と挙手を求め、つづいて、「じゃあ国のためだと思う人？」なんて聞いたとしたら、〝マジック〟はいっそう効果的になる。

そう、僕たちは、「あちらとこちら、どちらが正しいか？」と問われると、思わずどっちかが正しいんじゃないかと思ってしまう傾向があるのだ。

読者のみなさんの中にも、「ん～子どものためかな？」「いやいや国のためだろう」なんて考えてしまった人は多いんじゃないだろうか。

でも、これは文字通り〝マジック〟なのだ。

この世に、あちらとこちら、どちらかが絶対に正しいなんてことはほとんどない。とりわけ、意味や価値に関することについてはそうだ。

にもかかわらず、「問い方のマジック」は、まるでどちらかが（絶対に）正しい答えであるかのように人をあざむく。そして、僕たちの思考を誤った方向へと向かわせてしまうのだ。

教育は、子どものため「だけ」にあるわけでも、社会のため「だけ」にあるわけでもない。ありていにいうなら、それはどちらのためにもある。だから僕たちは、上の問いを本当は次のように変える必要がある。

Q．教育は、どのような意味において子どもたちのためにあり、またどのような意味において国や社会のためにあるのか？

この問いだったら、一定の〝共通了解〟にたどり着くことはできる。少なくともその可能性は見出せるはずだ。

いわれてみれば当たり前のことだ。でも「問い方のマジック」にひっかかった時、僕たちはこんな当たり前のことにさえ気づかなくなってしまうのだ。

ニセ問題をしっかり見抜こう

「問い方のマジック」は、日常生活においても、政治の世界においても、はたまた学問の世界においてさえ、うんざりするほどあふれ返っている。

せっかくなので、いくつか列挙してみよう。

Q．人間は生まれながらに平等な存在か、それとも不平等な存在か？

今でもしばしば議論される問題だ。でもこれも、実は「問い方のマジック」にひっかかった〝ニセ問題〟なのだ。

人間は生来平等か、否か。これは観点によって何とでもいえてしまう問題だ。たとえば、種としての人間は、そのかぎりにおいては、ある意味で平等といえなくもない。アフリカのサバンナに丸裸で放り出されたら、僕たちの生存確率はみんなだいたい同じくらいだろう。

でもその一方で、経済社会を生きる僕たち人間は、現実的にいってなかなか平等とはいいがたい。前講でもいったように、現代社会では、生まれ育った家庭や地域によってどうしても将来に経済的な格差が生まれてしまうし、生まれ持った能力なんかも、完全に平等というわけじゃない。

要するに、人間は生まれながらに平等なのか否かという問いに、絶対的な答えを与えることはできないのだ。だから、この問いをイエス／ノーの次元で議論するかぎり、僕たちはどこにも行きつかない堂々めぐりを繰り返すほかなくなってしまう。

そんなわけで、僕たちは、この問いを本当は次のような問いに変える必要がある。

Q．僕たちは、お互いに何をどの程度平等な存在として認め合う社会を作るべきだろう？

これなら、建設的で意味のある問いだといえる。みんなで考え合うに値する。

もっとくだらない「問い方のマジック」もある。こんな感じだ。

Q．一万粒からなる砂のかたまりは、〝砂山〟か、否か？

バカげた問いだけど、実際に、これに似た問題をめぐって大まじめに議論してきた哲学者たちがいる。

でもこれも、やっぱり「問い方のマジック」にひっかかった〝ニセ問題〟なのだ。

何粒から砂山かなんて、そんな厳密な定義、できるわけがない。一万粒の砂のかたまりは、アリにとっては砂山といえるかもしれないし、箱庭職人にとっても、もしかしたらそうかもしれない。でも、もしもそれが今この原稿を書いている僕の目の前にあったなら、僕はそれをただの〝ちりゴミ〟としてしか見ることはないだろう。

だからこの問いも、本当は次のような問いに変えるべきなのだ。

Q．砂のかたまりを、僕たちが〝砂山〟として認識するのはいったいどういう時なのか？

これなら一応、多くの人が納得できる〝答え〟にはたどり着けるだろう。問うに値する問いであるかどうかは別にして……。

「問いの立て方」を変える

最後にもう一つだけ、こんな問いについて考えてみたい。

Q．私たち人間が生きている絶対的な理由はあるのか、ないのか？

きっと、多くの人が考えたことのある問いだろう。
でも、これもやっぱり〝ニセ問題〟といわなきゃならない。
そんなもの、僕たちはどうがんばったって分からないからだ。

人間を含め、あらゆる生物は遺伝子を残すために生きている。そう主張する人もいるだろう。

でも、それは絶対にたしかだといえるだろうか？

生物学的な説明は、どんな答えも仮説の域を出ない。僕たちは遺伝子じゃないし、遺伝子に聞くわけにもいかないから、その真相を知ることは決してできない。

わたしたちを創造したのは神である、だからわたしたちが生きる理由は、すべて神の意志のうちにある。そう考える人もいるだろう。

でも、宗教的な説明もまた、やっぱり絶対にたしかな答えとはいえない。もちろん信仰は尊重されるべきだけど、第2講でもいったように、哲学的にはそれは〝たしかめ不可能〟な物語なのだ。

人はだれかを愛するために生きている。そういう人もいるだろう。

美しい答えではある。でもそれも、だれにも当てはまる絶対の答えとはいえないだろう。といって、僕たちが生きる理由が絶対にないのかといえば、それもまたたしかなことは分からない。

要するに、「人間が生きる絶対の理由はあるのか、ないのか」という問いの立て方をしているかぎり、僕たちの思考はどこへも行きつかないのだ。

でも、もしもこの問いを次のように変えたなら、それはがぜん意味のある、そして〝答え〟を見出し合える問いになる。

Q. 人間は、いったいどんな時に生きる意味や理由を感じることができるのだろう?

考えるに値する、そして希望のある問いだと思う。

ニセ問題を撃破する

僕の考えでは、哲学の本領の半分くらいは、以上見てきたような〝ニセ問題〟を、意味のある問いへと立て直すことにある。

二五〇〇年の哲学の歴史は、ニセ問題との戦いの歴史でもあった。「砂のかたまりは何粒から砂山か?」もそうだし、「生きる絶対的な理由は何か?」もそうだ。

こうした問題に、哲学者たちは何百年も挑み続け、そしてその結果、これはもしかしたら答えの出ないニセ問題なんじゃないかと気がつくようになった。とりわけ過去の偉大な哲学者は、ほぼ例外なく、ニセ問題をニセ問題だと喝破して、これを問うに値する問いへと立て直した人たちなのだ。

そこで次講では、哲学史におけるニセ問題中のニセ問題を紹介したい。長らくそれは、多くの人にニセ問題と気づかれることなく、哲学者たちの頭を悩ませてきたものだった。

でも、偉大な哲学者たちは、長い思考のリレーを通して、ついにこれを撃破する道を切り開いた。そしてその撃破の方法こそが、僕の考えでは哲学的思考の第一の〝奥義〟というべきものなのだ。

「あちらか、こちらか」じゃなく、「あちらも、こちらも」、どちらもできるだけ納得できる〝第三のアイデア〟を考え合うこと。第5講、6講でいったように、哲学はそのような深い〝共通了解〟を見出し合うための思考法を、二五〇〇年の長きにわたって磨きつづけてきた。

でもその一方で、哲学は、〝共通了解〟を見出すのではなく「相手をいい負かすための議論術」もまた、これまで豊富に積み上げてきた。

力強い思考法を探究するのが哲学である以上、それは当然のことだったといえるかもしれない。古代インドの哲学者たちは、負けた者が殺される、文字通り命がけの論争さえ行っていたという。

相手をいい負かすための技

そこで今回は、この「相手をいい負かすための議論術」の極意をみなさんにお伝えすることにしたいと思う……のだけど、結論からいえば、僕はこれを、ひどくむなしい、正直いって哲学の名に値しない論法だと考えている。

何度もいうように、哲学は本来、相手をいい負かすためのものではなく、〝共通了解〟を見出し合うためのものであるはずだから。

でも、今回はひとまず、哲学史において幾度となく人びとを苦しめた「相手をいい負かすための議論術」をご紹介したい。そして次講では、これを打ち破るための、もっと原理的な哲学的思考の奥義を披露しよう。

相手をいい負かすための、一見無敵の議論術。それは哲学用語で「帰謬法（きびゅうほう）」と呼ばれている。ひと言でいうなら、相手の主張の矛盾や例外を見つけ出し、そこをひたすら攻撃・反論しつづける論法だ。

古代ギリシアにも、古代インドにも、古代中国にも、およそ哲学が発達したところには必ずこの帰謬法も発達した。

たとえば、古代ギリシアでは十の帰謬法が体系化されたといわれている（アナス&バーンズ『古代懐疑主義入門』参照）。また、大乗仏典の教えを説いた『認識と論理』という書には、一六の帰謬法が紹介されている。くわしく論じる余裕はないけど、大乗仏教は、それ以前の小乗仏教を批判するために、帰謬法をこれでもかというほど駆使したのだった。

現代にも、帰謬法によって論敵たちをバッサバッサと斬り倒していく哲学者は少なくない。一度マスターしてしまえば、帰謬法は面白いほど相手を破壊し尽くすことができてしまう技なのだ。


もっとも、この論法は、もともとは相手をいい負かすための技というより、論理的に考えようとするかぎり、人びとがどうしても行き当たらざるを得ない論法だった。

というのも、僕たちはどんな主張に対しても、言葉の上では必ず何らかの矛盾を見つけ出し反駁(はんばく)することができてしまうからだ。

〝共通了解〟を見出し合おうとする哲学にとって、それは致命的な問題だった。だから多くの哲学者たちは、この帰謬法をどうすれば封じ込めることができるかを必死で考えてきた。

でもその一方で、この帰謬法を、相手をいい負かすための無敵の論法として乱用した哲学者たちも大勢いたのだった。

無敵の帰謬法?

帰謬法の主な技を紹介してみよう。

まずは、「人それぞれ考えはちがう」という初歩的な技がある。

たとえば、「人にやさしくするのはいいことだ」という主張に対して、僕たちは、「いや、やさしくされて迷惑だという人もいる」と反論することができる。「このコーヒーはおいしい」という主張に対して、「いや、おいしいと思わない人もいる」と反論することもできる。

同じような技に、「時と場合によってちがう」というものもある。「人それぞれ」と同様、これも例外をあげて相手の主張を相対化してしまう論法だ。

「放たれた矢は空間を移動する」という、ごくごく当たり前の命題さえも、帰謬法をもってすれば否定することができてしまう。

実際、古代ギリシアの哲学者、エレア学派のゼノンは、「飛んでいる矢は止まっている」と主張した。「〝今、この瞬間〟から見れば、飛んでいる矢も止まってるでしょ」と。

とんでもない屁理屈だ。でも、そういわれたらいわれたで、「まあ、そうともいえるか」と思ってしまわなくもない。

要するに、見方を変えれば、僕たちはどんな命題だって否定することができるのだ。

ちょっと高度な技に、「人間以外にはそうは見えない」という論法もある。

これはけっこう面白い技で、というのも、実はこの論法をきっかけに、ヨーロッパの哲学がぐっと発展した側面があるからだ。

第3講でもいったように、僕たち人間が見ている世界と、たとえばカラスが見ている世界とはおそらくちがっている。カラスが世界をどんなふうに見ているのか、僕たちはカラスじゃないから、分からない。

と、そう考えると、僕たちが見ているこの世界が、この目に見えているままに存在しているのかどうかは、究極的には分からないということになる。僕にはカラスが黒色に見えているけど、本当は黒じゃないかもしれないのだ。

じゃあ、僕たちは結局〝真理〟にたどり着くことなどできないんだろうか？

これまでに見てきたとおり、その答えは〝イエス〟だ。僕たちには絶対の〝真理〟なんて分からない。僕たちはどこまでも、「僕たち自身の世界」しか生きられないのだ。

そんなわけで、帰謬論者は「カラスは黒い」という命題すら否定することができる。

要するに、議論に勝つためには、僕たちは相手にこういいつづければいいわけなのだ。

「あなたのいっていることは絶対に正しいといえるの？　それって絶対なの？　ぜぇぇぇったいなの？」

と。

こういわれれば、どんな人でも「い、いや、絶対かっていわれたら、ちょっと……」と口ごもらざるを得ない。

晴れて、僕たちは相手をいい負かすことができる。少なくとも、相手を否定しつづけているかぎり、議論に負けることはない。

でも、これはやっぱりあまりにむなしい論法というほかない。

もちろん、議論においてお互いに反論し合うのは大事なことだ。とりわけそれが、〝共通了解〟を見出し合うためのステップであるならば。

でも、もしもそれがただの否定のための否定だったなら、僕たちの対話には何の希望もなくなってしまうことになる。

超ディベート（共通了解志向型対話）

そんな否定のための否定は、日常生活にイヤになるほどあふれ返っている。嫌いな相手をいい負かすための否定、プライドを守るための否定、相手を否定することで自分の価値を高めようとする否定……。

そんなふうに否定を重ねる時、僕たちは多くの場合、知らず知らずのうちに帰謬法を使っている。「お前の主張も、絶対とはいえないよ」。そういって、相手を相対化することに力を注ぐ。

学校で行われている競技ディベートなんかにも、帰謬法はしばしば見られる。「肯定側と否定側、どちらが論理的に説得的か？」これがディベートの基本的な問いの立て方だ。勘のいい方は気づいてくださったかもしれないけど、僕にいわせれば、これはほとんど「問い方のマジック」だ。

特に議論に勝敗をつけようとする場合、僕たちは意識的にも無意識的にも、ますます帰謬法に頼りたくなってしまうものだ。

ディベートを全否定するつもりはないけど、どうせやるなら、もっと哲学的な、つまり〝共通了解〟を見出せるような、より建設的なディベートへとバージョンアップさせたほうがいい。僕はそう思う。肯定側と否定側、どちらが説得力があったかを競うのではなく、議論の末に、お互いに納得できる〝第三のアイデア〟を見出し合う議論へと。

そうした議論を、僕は**「超ディベート」**と呼んでいる。その具体的な方法については、拙著『教育の力』や『勉強するのは何のため?』などでも論じたけれど、本書でもあとでもっとくわしく論じることにしたいと思う（第10講）。

いくつかの小・中・高校などが、この「超ディベート」を実践してくれている。僕自身も、大学の授業で学生たちとやることがある。やってみると、競技ディベートに比べて、参加者の思考や対話が圧倒的に創造的になるのを実感する。

議論の過程で、参加者たちはもちろんお互いに反論し合う。でも、最終目的はよりよいアイデアを考え合うことにあるから、相手に対する批判も、批判のための批判ではなく、とても建設的なものになる。

僕たちの人生には、たしかに相手を論駁したり、白黒つけたりしなきゃいけない時がある。

でも、環境問題、格差問題、テロリズム問題など、多くの正解のない問題にあふれた現代では、価値観の異なった人たちが〝共通了解〟を見出し合う議論をこそ、僕たちは洗練させていく必要があるんじゃないか。僕はそう思う。

ちなみに、「超ディベート」という名称は、教育現場で親しみを持ってもらうためにかつてつけたものなのだけど、本当をいうと、ちょっと軽薄な感じがして僕自身はあまり好きじゃない。

別称は、**「共通了解志向型対話」**。個人的には、こっちの方が気に入っている。

さて、次講では、上に述べてきた帰謬法を封じ込める技についてお話ししたい。そして僕の考えでは、その技こそ、哲学的思考の第一の〝奥義〟というべきものなのだ。

【コラム②】古代ギリシアの帰謬法

古代ギリシアには、三大懐疑主義者と呼ばれる哲学者たちがいた。ピュロン（紀元前4～3

世紀)、アルケシラオス(紀元前4~3世紀)、アイネシデモス(紀元前1世紀)の三人だ。

懐疑主義というのは、文字通り「この世にたしかなものなんてないんじゃないか」と疑い抜く態度のこと。だからその思考の方法は、当然ながら帰謬法が基本になる。

古代ギリシアでは、アイネシデモスによって十の帰謬法(正確には「判断保留の十の方式」)が体系化されたといわれている(アナス&バーンズ『古代懐疑主義入門』)。以下に紹介しよう。

(1)動物相互の違いに基づく方式
(2)人間同士の相違に基づく方式
(3)感覚器官の異なる構造に基づく方式
(4)情況に基づく方式
(5)置かれ方と隔たりと場所に基づく方式
(6)混入に基づく方式
(7)存在する事物の量と調合に基づく方式
(8)相対性に基づく方式
(9)頻繁に遭遇するか、稀(まれ)にしか遭遇しないかに基づく方式

（10）生き方と習慣と法律と、神話を信じることと、ドグマティストの想定に基づく方式

ちょっと分かりにくいものについて説明すると、まず（5）については、要するに「物事は角度によって見え方がちがう」ということ。（6）は、たとえば「明るいところで見るか暗いところで見るかで見え方はちがう」ということ。（7）は、たとえば「一粒の砂と何万もの砂粒とでは同じ砂でも認識のされ方はちがう」ということ。（8）は、「結局どんなものも絶対はあり得ず相対的であるにすぎない」ということ。

この第8方式こそ、帰謬法をもっとも象徴する考え方だ。

第8講　ここから思考をはじめよう――帰謬法を封じ込める

前講では、決して議論に負けない議論術〝帰謬（きびゅう）法〟についてお話しした。

そのポイントは、あけすけにいってしまえば、「それもたしかじゃない」「それも絶対とはいえない」と、相手を否定しつづけることにある。

僕たちは、言葉の上ではどんな命題だって否定することができる。帰謬法の使い手たちは、その否定論法を、長い歴史を通して鍛え上げてきたのだ。

でも、これまで繰り返し述べてきたように、哲学とは本来〝共通了解〟を見出し合うための思考の方法だ。だから、もしもそれが否定のための否定だったなら、そんなもの、僕にいわせれば哲学の名に値しない。

実は哲学の歴史は、ある意味ではこの帰謬法との戦いの歴史だったともいえる。哲学史には、要所要所で強力な帰謬論者たちが現れている。でも僕の見るところ、彼らはそのたびに、次の時代のすぐれた哲学者たちによって、その論理を封じられてきたのだ。

そこで今回は、一見「無敵の論法」のように思える帰謬法を乗り越える、哲学的思考の第一の〝奥義〟をお伝えすることにしたいと思う。

「我思う、ゆえに我あり」

その最初の道を切り開いたのは、一七世紀フランスの哲学者、ルネ・デカルト（1596―1650）だった。

デカルトの有名な言葉に、「我思う、ゆえに我あり」というのがある。

実はこれこそ、帰謬法を封じるために見出された最初の〝奥義〟だったのだ。

『方法序説』という本の中で、デカルトは次のようなことをいっている。

帰謬論者たちがいうように、たしかにあらゆる命題は否定可能だ。疑い反駁することができる。

たとえば、感覚は僕たちをあざむくことがあるから、氷は本当は冷たくないのかもしれない。夏は寒いのかもしれないし、冬は暑いのかもしれない。

数学だって、絶対とはいえない。もしかしたら、全員が計算まちがいをしている可能性だってある。

もっといえば、この目の前の世界が、実は僕たちの夢かもしれないとだって疑うことができる。

ちなみに、古代中国の『荘子（そうじ）』にも、「胡蝶（こちょう）の夢」という有名な話が登場する。蝶になって空を飛ぶ夢を見ていた荘子が、夢から覚めて、はて、自分は本当に蝶の夢を見ていたんだろうか、それとも、実は今蝶が自分の夢を見ているんだろうか、と疑問に思う話だ。

と、こう考えれば、僕たちはこの世のあらゆることを疑うことができてしまう。

——でも本当にそうなのか？

デカルトは考えた。

どれだけ疑い否定しようと思っても、最後の最後までどうしても疑えないものがあるじゃないか。

一切を疑っている、この〝わたし〟自身。世界を疑っているのが〝わたし〟である以上、**この疑っている〝わたし〟自身の存在は、どうがんばっても疑うことなどできないじゃないか！**

これが、「我思う、ゆえに我あり」（ラテン語でコギト・エルゴ・スム）という言葉の意味だ。

この言葉をもって、デカルトは新時代の哲学を切り開いた。「たしかなものなど何もない」という、帰謬法を駆使する人たちがはびこっていたこの時代、デカルトはついに、彼らの論法をひっくり返してみせたのだ。

〝わたし〟だって疑える？

でもこのデカルトの議論には、実はある致命的な問題があった。

厳密にいえば、僕たちはこの〝わたし〟自身だって疑うことができてしまうのだ。

昨日の〝わたし〟と今日の〝わたし〟が、絶対に同一人物であるかどうか、僕たちは疑おうと思えば疑える。

眠っている間に、だれかに意識を操作されて、別の人間にされてしまった可能性だってある。

人間の細胞は、数年かかって全部入れ替わるといわれている。だから、数年前の〝わたし〟と今の〝わたし〟は、同じ人間じゃないということだってできるかもしれない。

もっともデカルトも、こうした批判が寄せられるのは最初から想定済みのことだった。そこで彼は、この批判を次のように封じようとした。

まず、彼は〝わたし〟を身体と精神とに分けることを主張した。そして、肉体としての

〝わたし〟はたしかに疑えるけど、精神としての〝わたし〟は疑えないのだといった。

「心身二元論」と呼ばれる、デカルト哲学のもうひとつの核だ。

身体と精神とを切り分けておけば、細胞が全部入れ替わったら云々とか、この〝わたし〟も、目に見えるままに存在しているかどうかは分からないとかいった批判を封じ込めることができる。

でも、これはやっぱりかなり無理のある考えだった。

人びとは思った。え？　何？　身体と精神って、本当に別ものなの？　ていうか、そもそも精神て何？　見えるの？　さわれるの？　いったい何なの？

デカルトの心身二元論に、納得できる人はそう多くはなかったのだ。

フッサールの「コロンブスの卵」

それから三〇〇年、デカルトの哲学を批判的に継承し、この問題についにケリをつけた男が現れた。

「現象学」という新しい哲学を創始した、二〇世紀ドイツの哲学者、エトムント・フッサール（1859―1938）だ。

　フッサールはいった。

　僕たちがどうがんばっても疑えないのは、精神とか肉体とかいった、何らかの〝実体〟を持ったこの〝わたし〟じゃない。肉体はたしかに疑えるし、精神といわれても、いったい何のことやらよく分からない。

　もっとシンプルに、次のようにいおうじゃないか。

　僕たちには、どれだけ疑っても疑えないものがある。それは、今僕たちに何かが「見えちゃってる」「聞こえちゃってる」という、ちょっとむずかしい言葉を使えば〝意識作用〟だ。別のいい方をすれば、今僕たちに、何かがたしかに「見えてしまっている」というその〝現象〟だ！


　これはコロンブスの卵みたいな発想だった。

　帰謬論者や懐疑論者がいうように、目の前のグラスは、もしかしたら実在しないのかもしれない。幻影かもしれないし、夢かもしれない。グラスの中の液体は、もしかしたら水じゃないのかもしれないし、いっしょに入っている氷は、本当は冷たくないのかもしれない。

でも、それでもなお、今僕にはこのグラスが「見えてしまっている」。喉を通ったこの液体を、水だと「思ってしまっている」。そしてこの氷を、冷たいと「感じてしまっている」。この〝意識作用〟を、僕たちが疑うことなどできるだろうか？

フッサールはいう。もしもこのことにさえも反駁しようとする人がいたとしたら、そんな人たちに、僕たちはもう語るべき言葉を持ち得ないだろう、と。


それは見ていない者が見えることを否定しようとするようなものであり、もっと適切に言えば現に見ている者が自分が見ている事実や見る働きのあることを否定しようとするようなものである。もしも彼があくまでも自説を変えないとしたら、いったいわれわれに彼を納得させるすべがあるであろうか？（『現象学の理念』）

こうしてフッサールは、どんな帰謬論者も懐疑論者も、決して反駁することのできない〝思考の始発点〟を提示した。

デカルトのいうような、実体を持った〝わたし〟ではなく、世界がこのように「見えちゃっている」「感じられちゃっている」という〝意識作用〟それ自体。もうちょっと別のいい方をすると、わたしに立ち現れた、何らかの〝確信〟や〝信憑〟。これだけは、どんな帰謬法によっても否定することはできないのだ。

帰謬法のカラクリ

僕たちは、言葉の上ではどんな命題だって否定することができる。でも、そんな否定合戦ばかりつづけていれば、お互いを理解し合おうとする意志や、対話することの希望を、いつかは失ってしまうことになるだろう。議論することのむなしさを、ただ感じてしまうだけだろう。

でも今、僕たちはついに、帰謬法を完全に封じ込める思考を手に入れた。

帰謬法には、実はあるカラクリがある。

それは、どんな議論も「真か偽か」の対立に持ち込み、その上で相手の主張が「偽」であること、あるいは「真」とはいえないことを論証するというものだ。

でも、これは実をいうと、第6講で紹介した「問い方のマジック」なのだ。こうした二項対立的な問いは、実は問いの立て方それ自体をまちがってしまっているのだ。

前講で、帰謬論者は、「それも人それぞれでたしかじゃない」とか、「時と場合による」とかいって、あらゆる命題を相対化しようとすると述べた。だから、「この人はやさしい人だ」という主張や、「この学校はいい学校だ」という主張も、帰謬論者にかかれば全部相対化されてしまう。

でも、それはあくまでも「真か偽か」というレベルで議論をしている場合の話だ。

これまでずっといってきたように、僕たちにはそもそも「真理」なんて分からない。つまり、帰謬論者にいわれなくても、あらゆる命題は「真」とはいえないなんてことは、哲学的には織り込み済みの前提なのだ。

そうである以上、ある命題が「真か偽か」なんて、はっきりいってどうでもいい問題だ。いっさいは僕（たち）の〝確信〟や〝信憑〟だ。だから「真か偽か」という問いは、そもそも問いとしてなり立たないのだ。

その一方で、もしも僕が「この人はやさしい人だ」とか、「この学校はいい学校だ」とかいう〝確信〟や〝信憑〟を抱いてしまったのだとしたら、そのこと自体を疑うことはできない。

もちろん、その〝確信〟や〝信憑〟が、勘違いだったとか、いつか変わってしまうとかいうことはある。でも、今僕が「この人はやさしい人だ」と感じてしまったそのこと自体は、どうがんばっても否定することはできないのだ。

　だから僕たちは、本当は次のように問い合うべきなのだ。

Q．これがわたしの〝確信〟。ではあなたはどうですか？

　哲学は、ある命題が「真か偽か」を明らかにするものじゃない。何度もいってきたように、お互いの〝確信〟や〝信憑〟を問い合うことで、〝共通了解〟を見出し合おうとする営みなのだ。

　ちなみに、ここでいう〝共通了解〟にも、絶対的な了解なんてものはもちろんない。どこまで行っても、それは相手との間に了解が得られたという、僕自身の〝確信〟や〝信憑〟だ。

　でも、だからこそ僕たちは、この〝共通了解〟についての〝確信〟や〝信憑〟を求めて、お互いにコミュニケーションをつづけていくほかにない。

　もしも僕たちが、対話に希望を見出したいと少しでも思っているのなら。

〝思考の始発点〟を敷く

なんてめんどくさい議論、と思われたかもしれない。「それがいったい何の役に立つの?」と思われた方もいるだろう。

でも、僕の考えでは、これは哲学的思考の一番大事なキモなのだ。**哲学の最大の意義は〝思考の始発点〟を敷くこと**にある。だれもが納得できるその始発点さえ定めることができれば、その土台の上に、僕たちはより実践的な、力強い思考を積み上げていくことができるからだ。

逆にいえば、もしも僕たちが〝思考の始発点〟をまちがってしまったら、それにつづく思考は全部的を外してしまうことになる。たしかな〝思考の始発点〟を定めることは、だから哲学の命ともいうべきことなのだ。

そこで次講以降では、今回の話を土台にして、より実践的な役に立つ哲学的思考法を展開していくことにしたいと思う。

実は今回明らかにした〝思考の始発点〟は、個人的な問題から社会的・学問的な問題にいたるまで、あらゆる問題を解き明かすための無限の応用可能性を秘めたものなのだ。

【コラム③】 フッサール

「ヘウレーカ」という言葉がある。古代ギリシアの数学者アルキメデスが、お風呂に入った時「アルキメデスの原理」を思いつき、その瞬間叫んだ言葉とされている。

意味は、「分かったぞ！」。アルキメデスは、こう叫ぶと裸のまま風呂を飛び出していったといわれている。

偉大な哲学者には、必ずこの「ヘウレーカ！」がある。第1講でもいったように、「答えのないことを、ただひたすら考えつづけることが哲学だ」なんて台詞は、彼らにはまったく無縁なのだ。

フッサールの現象学は、哲学の歴史を一〇〇年進めるものだった。そんな「ヘウレーカ」を経験した者にしか書けない、フッサールの胸を打つ文章がある。以下に少しご紹介しよう。

「筆者は今老境にいたって、少なくとも自分自身としては、完全に、次のように確信するにいたっている。すなわち、自分こそは一人の本当の初心者・端緒原理を掴んでそこから始める人間であると、こう自ら名乗り出てもよいであろう、と。」(『イデーンⅠ』)

「筆者は今、真の哲学の無限に開かれた土地、その『約束の地』が、自分の前に拡がっているのを見る。その土地が完全にもう開拓され尽くすありさまを、余命いくばくもない筆者自身は、もはや体験することはないであろう。」(同上)

わたしはいつまでも一人の初学者である。そういいながらも、自分こそが哲学の新たな地平を切り開いたのだといってのけるフッサール。

この絶大な自信と、学問の営みの前における謙虚な態度。

哲学者たるもの、こうありたいものだと、この言葉を読むたびに思わされる。

第9講　世界は欲望の色を帯びている

前講では、哲学的思考の第一の〝奥義〟、すなわち〝思考の始発点〟についてお話しした。さまざまな問題を、僕たちはいったいどこからどう考え始めればいいのだろうか？

その答えは、この世に絶対の〝真理〟なんてものはなく、いっさいは僕たち自身の〝確信〟や〝信憑（しんぴょう）〟である、ということだった。

だから僕たちは、「何が真理か」と問うのでも、「真理なんてない」と否定しつづけるのでもなく、お互いの〝確信〟や〝信憑〟を投げかけ合って〝共通了解〟を見出そうとする必要がある。

欲望相関性の原理

じゃあ、僕たちはなぜ、そしてどのように、さまざまな〝確信〟や〝信憑〟を抱いているんだろう？

本講ではこの問いについて考えてみよう。「これはグラスだ」とか、「この人は善人だ」とかいった〝確信〟や〝信憑〟は、いったいどのように僕たちにやって来るのだろうか？

この問いに最も原理的な答えを与えたのは、ニーチェやフッサール、それにフッサールの弟子のハイデガー（1889―1976）や日本の哲学者の竹田青嗣（1947―）などだ。

彼らの出した結論は、簡潔にいえば次のようなものだった。

僕らは世界を、僕たちの〝欲望〟や〝関心〟に応じて認識している。

たとえば、僕は今目の前のグラスを飲み水を入れる容器として認識しているけど、なぜそのような〝確信〟が訪れているかといえば、僕が今「のどが渇いた」「のどをうるおしたい」という欲望を持っているからだ。

でも、もし僕が今だれかに襲われたなら、このグラスは反撃のための武器として認識されるかもしれない。あまりに退屈な時には、オモチャにだってなるだろう。

「この人は善人だ」という〝確信〟や〝信憑〟もおんなじだ。客観的な善人なんていない。僕の何らかの欲望や関心のゆえに、僕はその人を善人として認識しているのだ。

第3講で、僕たちは「事実の世界」に先立って「意味の世界」を生きているというお話をした。どんな〝事実〟も、それに僕たちが〝意味〟を見出さないかぎり、僕たちにとっては存在しない。

この「意味の世界」というのは、言葉をかえれば欲望の世界のことだといっていい。長寿や健康への欲望がなければ、人体メカニズムの〝事実〟は僕たちにとって存在しないし、農耕のための知識や夜空の美しさへの関心がなければ、天体法則の〝事実〟もなかったはずなのだ。

世界はつねに、僕たちの欲望の色を帯びている。哲学者の竹田青嗣は、これを「欲望相関性の原理」と呼んでいる（『現象学は〈思考の原理〉である』）。文字通り、世界は僕たちの欲望に相関して――欲望に応じて――その姿を現すということだ。

いわれてみれば当たり前、でもいわれるまでは意外に思いいたらない、哲学の基本にして最大の〝奥義〟のひとつといえると思う。

欲望の前にはさかのぼれない

この原理が〝原理〟の名にふさわしいのは――つまりだれもが納得できる最も深い考え方

といえるのは——これが僕たちにとって〝たしかめ可能〟な最後の地点だという点にある。

今、僕は目の前のケーキを食べたいと思っている。そしてその欲望を、確実に〝たしかめる〟ことができる。

僕には好きな人がいる。その人と、ずっといっしょにいたいと思っている。そしてその欲望を、僕はやっぱり疑いようなく〝たしかめる〟ことができる。

ところが、なぜ僕がそんな欲望を持っているのかと問われれば、とたんに確実なことがいえなくなってしまう。

僕が今ケーキを食べたいのは、頭が疲れて糖分を必要としているからかもしれない。あるいは、生クリームの柔らかそうな感じが、脳を刺激して舌に快感を求めるよう指示を与えたからなのかもしれない。

仮説ならいくらでも立てることができる。でもそれはどこまで行っても仮説であって、何が僕たちに欲望を抱かせるのか、その絶対的な理由を知ることは決してできないのだ。

第5講で「一般化のワナ」についてお話をした。僕たちは、基本的に経験に基づいてものを考える。だから、時に自分の経験を過度に一般化して、それがほかの人にも当てはまることのように考えてしまう場合がある。そんな「一般化のワナ」に陥らないよう注意しよう。

そんなお話をした。

勘のいい読者は思われたかもしれない。「あれ？　ってことは、僕たちはさまざまな〝確信〟や〝信憑〟を、欲望に応じてっていうよりは経験に応じて抱いているんじゃないの？」と。別のいい方をすると、「そもそも僕たちの欲望は、何らかの経験を通して作り上げられたものなんじゃないの？」。

とてもいい、鋭い疑問だ。

ところが上に述べてきた理由から、僕たちはやっぱり、それは「欲望」に応じてだというべきなのだ。

なぜなら、今の僕の欲望が本当に経験によって生み出されたのかもまた、僕たちは究極的には知り得ないからだ。

たしかに、僕が今このケーキを食べたいと思っているのは、これまでに美味しいケーキを食べてきた経験があるからかもしれない。

でも厳密にいって、その因果関係は本当のところ分からないのだ。

そんな経験がなかったとしても、僕はこのケーキを食べたいと思ったかもしれない。極端な話をすれば、僕のこの欲望は、経験とは関係なく、もしかしたらだれかに催眠術をかけられて抱いているものかもしれないのだ。

さらにいえば、この欲望は、そもそも遺伝子にインプットされている欲望なんじゃないかと疑問を持つ人もいるかもしれない。

でも、それもけっして〝たしかめる〟ことができない問題だ。欲望の究極原因はいったい何なのか？　この経験なのか、催眠術なのか、遺伝子なのか。この問いに答えることは、僕たちには決してできないのだ。

その一方で、僕がこのケーキを食べたいという欲望を抱いてしまっていることそれ自体は、どうしたって疑えない。その欲望に応じて、このケーキが美味しそうな食べ物としての〝意味〟を帯びて存在していることは、疑えない。

僕たちに〝たしかめ可能〟な最後の地点、それは、今僕がこのような欲望を抱いているということ、そしてその欲望に応じて世界を認識しているということ、そこまでなのだ。

またまたなんてめんどくさい議論……と思われたかもしれない。でもこれまで繰り返しいってきたように、疑える可能性のあるものについては、これを〝思考の始発点〟には決してしないこと。それが哲学的思考の鉄則なのだ。

以上のように、「欲望相関性の原理」は、人間の認識にかんする最も根本的な原理と呼ぶべきものだ。哲学における〝思考の始発点〟、それは、一切は僕たちの〝確信〟や〝信憑〟であるということ、そしてその〝確信〟や〝信憑〟は、僕たちの欲望に応じて抱かれるということにあるのだ。

哲学原理を使いこなす

さて、この「欲望相関性の原理」、僕の考えでは、実は驚くほど応用の可能性を秘めたものだ。というのも、僕たちが日頃出くわすさまざまな問題から、政治的・社会的な問題にいたるまで、「欲望相関性の原理」を底に敷けば、かなりの程度解き明かしてしまえるからだ。

とりわけ威力を発揮するのは、次の二つの問題だ。

ひとつは〝信念対立〟の問題。もうひとつは、〝生きづらさ〟や〝不幸〟〝絶望〟などの、いわゆる実存的問題だ。

第10講　信念の対立をどう乗り越えるか

真理なんてない。客観的な事実というものさえもない。すべては僕たち自身の〝確信〟や〝信憑(しんぴょう)〟である。

これが、哲学的思考のまず一番重要なキホンだった。

じゃあその〝確信〟や〝信憑〟を、僕たちはいったいどのように抱くのだろう？

最も根本的には、それは「僕たち自身の欲望に応じて」である。

これが、哲学的思考の最大の〝奥義〟、「欲望相関性の原理」だった。

今回は、この奥義を使って、信念の対立をどうすれば乗り越えられるのか、考えていくことにしたいと思う。

信念対立を乗り越える

学校や仕事、家庭など、僕たちは日常生活のさまざまな場面で、日々信念の対立に遭遇する。「俺の考えは絶対に正しい、お前は絶対にまちがっている！」……そんなことを、僕たちはしばしば口にしてしまうことがある。

でも、これまでずっと述べてきたように、この世に絶対に正しい信念なんてものはない。

そう、僕たちの信念は、実は何らかの欲望や関心によって編み上げられたものなのだ。


たとえば、学校は子どもたちをびしっと統率しなければならないと考える親や教師がいる。

その一方で、学校は子どもたち一人ひとりの自由や自主性をできるだけ尊重しなければならないと考える人たちがいる。

異なる信念を持つ両者は、時に激しく対立することがある。

でも、この信念の次元で対立をつづけているかぎり、両者が理解し合うことはひどくむずかしい。「自分こそが正しい、お前はまちがっている」。そんな信念のぶつけ合いに、多くの場合終始することになるだろう。

そんな時に重要なのは、どちらの信念が絶対に正しいかと考えるのをまずやめることだ。

そしてお互いの信念が、いったいどのような欲望や関心から編み上げられたのか、互いに吟味することだ。

たとえば、集団統率をよしとする教師は、かつて学級崩壊に苦しんで、そんな経験はもう二度とごめんだと思っているのかもしれない。だから統率力を発揮して、子どもたちをまとめ上げ、校長や保護者たちからその指導力を認められたいという欲望を持っているのかもしれない。

他方、子どもたちの自由や自主性を尊重すべしと考える人は、子どもの頃集団統率的なクラスになじめず、孤独な思いを抱えた経験があるのかもしれない。だからそんな疎外感を、今の子どもたちに味わわせたくないという欲望があるのかもしれない。

もっとも、本当に学級崩壊の〝経験〟が集団統率への欲望を抱かせたのか、あるいは、集団統率の苦しい〝経験〟が自由尊重の欲望を生み出したのか、その真相は究極的には分からない。前講で述べたように、過去の経験と僕たちの欲望との因果関係は、厳密には〝たしかめ不可能〟なものなのだ。

でも、集団統率の欲望であれ、自由尊重の欲望であれ、僕たちがそうした欲望を抱いているのだとするならば、その欲望自体を疑うことはできない。

ここで重要なのは、**僕たちの信念は実は欲望の別名**だということだ。

信念対立の現場において、僕たちはそのことを十分に理解し合う必要がある。そうすれば、「なるほどね、あなたがそういう欲望を持っているということについては、まあ分からなくもないよ」と、お互いに一定の理解を示し合えるようになるだろう。

信念の次元で議論をし合うかぎり、僕たちは互いに一歩も引けなくなることがある。でも欲望の次元で対話をすれば、僕らは相手の欲望を理解しようとすることができるようになる。少なくとも、その可能性を開くことができるようになる。

もちろん、だからといってすぐにお互い共感し合ったり納得し合えたりするわけじゃないだろう。でもその理解への意志は、対立を乗り越えるためのささやかな一歩になるはずなのだ。

そこで次に重要なのは、お互いのそうした欲望や関心が、本当に妥当かどうか吟味することだ。

「自分の統率力を認めさせたい」という欲望は、本当に子どもたちのためになっているといえるのか？　「孤独を感じさせたくない」という思いは、本当は独りよがりな欲望にすぎないんじゃないか？　といった具合だ。

そうやってお互いの欲望の妥当性をたしかめ合いながら、僕たちは、徐々にお互いが納得し合える〝共通関心〟へと思考を向かわせる必要がある。独りよがりな欲望・関心じゃなく、どちらも共有できる、もっと深い欲望・関心を考え合うのだ。

たとえば、自由尊重派の教師のみならず、集団統率派の教師も、子どもたちにはゆくゆくは自由に、つまり生きたいように生きられるようになってほしいという関心なら、きっと共有できるにちがいない。

でもだからといって、子どもたちのわがままな自由を、今教室でそのまま認めるわけにはいかない。そのような関心もまた、両者は共有できるにちがいない。

第1講でいったように、僕たちが自由に生きるためには、他者の自由もまた認めることができなければならないのだった。哲学ではこれを「自由の相互承認」の原理と呼んでいる。

この原理の重要性を、両者はきっと〝共通関心〟として持つことができるはずだ。

とすれば、僕たちは「集団統率か、自由尊重か?」といった対立をつづけるのではなく、子どもたちのゆくゆくの自由と、その〝相互承認〟を育むという「共通関心」を、どうすれば実現することができるのか、共に考えていけるようになる。

信念対立は、その時対立から協同へとひっくり返るのだ。

もちろん、実際の信念対立の現場では、とりわけ感情が邪魔をして、事はそう簡単には進まないだろう。でも、もし僕たちが本気で対立を乗り越えたいと思うなら、こんなふうにお互いの欲望・関心の次元にまでさかのぼり、その上で、お互いが納得できる共通関心と、それを叶える（かな）ためのよりよい第三のアイデアを見出し合っていくべきなのだ。

超ディベートの方法

すでにお気づきの方もいると思うけど、以上述べてきたことは、第7講で少しご紹介した「超ディベート」（共通了解志向型対話）の具体的な方法でもある。

いわゆる競技ディベートのように、肯定側と否定側、どちらが説得力があったかを競うのではなく、お互いに納得できる〝第三のアイデア〟を見出し合う対話、それが超ディベートだ。

この〝第三のアイデア〟は、お互いの欲望の次元にまで思考をめぐらせることで、共に見出し合うことができるようになる。

そこで本講の最後に、そのための思考のステップを改めてまとめておくことにしたいと思う。

①対立する意見の底にある、それぞれの「欲望・関心」を自覚的にさかのぼり明らかにする。
②お互いに納得できる「共通関心」を見出す。
③この「共通関心」を満たしうる、建設的な第三のアイデアを考え合う。

誤解のないようにいっておくと、これは〝妥協点〟を見出し合う議論というわけじゃない。妥協は、お互いがお互いに少しずつ折れることで、はじめに求めていたレベルより低い地点での合意を得ることだ。

それに対して「共通了解志向型対話」は、文字通り、どちらもが納得できるよりよい〝共通了解〟〝第三のアイデア〟を、共に見出し合うことをめざすものなのだ。

信念を、ただ素朴に主張し合うのではない。その信念の底にある欲望の次元にまでさかのぼれば、僕たちはきっと、対立を乗り越え、そんな〝共通了解〟を力強く見出し合っていけるはずなのだ。

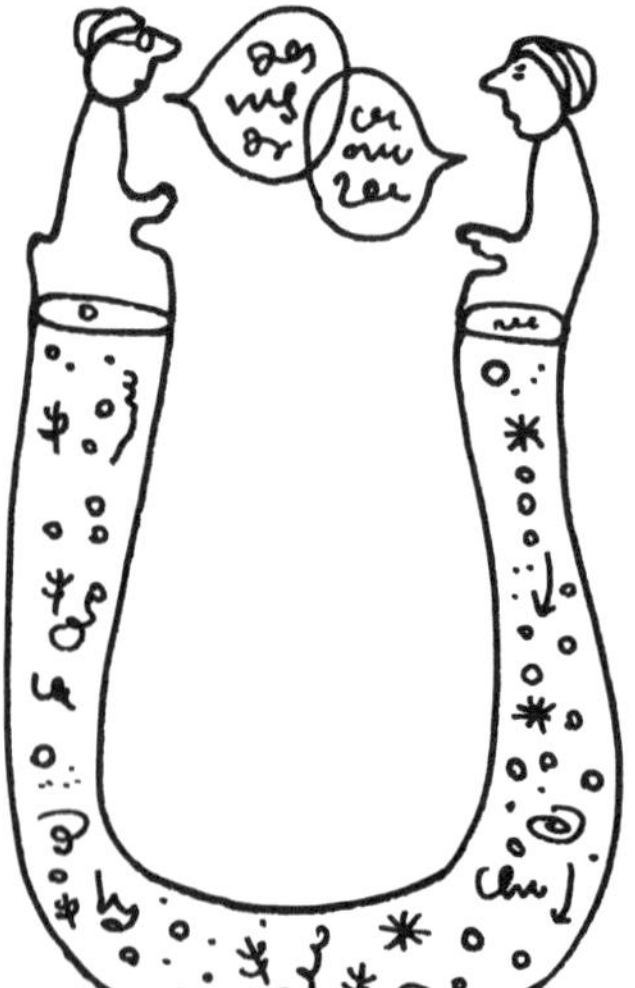

第11講　生きづらさを乗り越える

つづいて本講では、「欲望相関性」の原理を応用して、前講とはがらりとちがったもうひとつの問題について考えてみよう。

僕たちはどうすれば、〝生きづらさ〟や〝不幸〟〝絶望〟などのいわゆる実存的問題を乗り越えることができるのだろう？

「欲望相関性の原理」は、この問題にもまた絶大な威力を発揮する。

欲望を知ることで、自分と折り合う

世界は欲望の色を帯びている。ということは、つまり僕たちの生きづらさや不安、怒りなんかも、その理由の根本には、僕たちの何らかの欲望があるということだ。

たとえば、僕にひどく嫌いな人がいたとしてみよう。その人のことを思うと、夜も眠れないくらい憎々しい気持ちになる。そうして何だか、自分がすり減っていくような気さえしてしまう。

そんな時、僕たちは往々にして、その人は客観的に人間としての問題がある奴なんだと考えてしまう。そうしてその客観的な理由を、あれこれ見つけ出そうとしてしまう。

でも、これまで繰り返しいってきたように、客観的な悪人なんていない。別の人からみれば、その人は思いやりのあるやさしい人かもしれないのだ。

僕がその人をイヤな奴だと〝確信〟している理由は、本当は僕の内側にある。僕の何らかの〝欲望〟が、その人を悪人だと確信させているのだ。

その〝欲望〟に目を閉ざしたまま、あるはずのない相手の客観的な問題を見つけ出そうとするかぎり、僕は結局、やり場のない憤りや不安や焦燥感にさいなまれつづけることになるだろう。

だから僕たちは、そんな時、自分の奥底の欲望に思いをいたしてみる必要がある。

もしかしたら、僕は本当はその人みたいになりたいのかもしれない。才能があって、お金もあって、みんなの人気者で……そんなあの人に、ルサンチマン（妬み・そねみ）を抱いているのかもしれない。

と、もしそんなふうに自分の欲望に思いいたったとすれば、それだけで、僕たちはやり場のない怒りや不安とちょっとは折り合いをつけられるようになる。自分の感情の正体を知れば、それを制御することも可能になるのだ。

たとえば、その人とできるだけ距離をとって、自分のルサンチマンを発動させないようにすることだってできるかもしれない。あるいは、むしろこれを、自分の成長のためのいい刺激にしてしまうことだってできるかもしれない。

欲望を知ることで、自分と折り合う。これが、さまざまな実存的な悩みや生きづらさを克服するための、「欲望相関性の原理」のひとつの応用の仕方なのだ。

欲望を変える

その「折り合いのつけ方」のひとつを、一八世紀の哲学者ジャン゠ジャック・ルソーの洞察から想を得て、以下にちょっとご紹介してみたい。

『子どもの頃から哲学者』という本にも書いたことだけど、ルソーはその著書『エミール』の中で、不幸の本質を次のようにいい表している。すなわち、「不幸とは欲望と能力のギャップである」。

とてもすぐれた洞察だと思う。

第1講でもいったように、哲学は、物事の、あるいは問題の〝本質〟を洞察することで、その問題を力強く解決するための〝考え方〟(原理)を提示する営みだ。

ルソーは不幸の〝本質〟を洞察した。とすれば僕たちは、この〝本質〟を手がかりに、不幸から抜け出すための方法もまた考えていけるようになる。

お金持ちになりたい。でも、どうがんばってもその見込みはない。

あの人に愛されたい。たまらなく愛されたい。でも、どうしても振り向いてくれない。

不幸や絶望は、そんな激しい欲望が叶わないところにやってくる。

そんな時、僕たちはいったいどうすればいいのだろうか?

不幸の本質が欲望と能力のギャップにあるのだとすれば、この不幸から逃れるための道は原理的に三つある。

一つは、いうまでもなく「能力を上げる」こと。努力に努力を重ねて、お金持ちになる能力を身につける。愛される能力を身につける。それが一番望ましい道だろう。

でも、それは口でいうほど簡単なことじゃない。

そこで二つ目の道は、「欲望を下げる」こととなる。そんなに望ましいことではないかもしれないけど、欲望と能力のギャップがなくなれば、ひとまず不幸からは逃れることができる。

そして最後に、もしかしたらこれこそが不幸から逃れるための一番役に立つ考え方なんじゃないかという道がある。

「欲望を変える」という道がそれだ。

お金持ちへの欲望を、たとえば家族といっしょにすごす欲望へと変える。

愛してやまない人を、どこか心の奥にしまって、また別の人を見つける。

もちろん、それはひどくむずかしいことだ。でも、実は人間は、どんなに激しい欲望でも、意外に簡単に変えてしまうことができるものなのだ。

欲望は変わる。これは僕たち人間の希望なのだ。

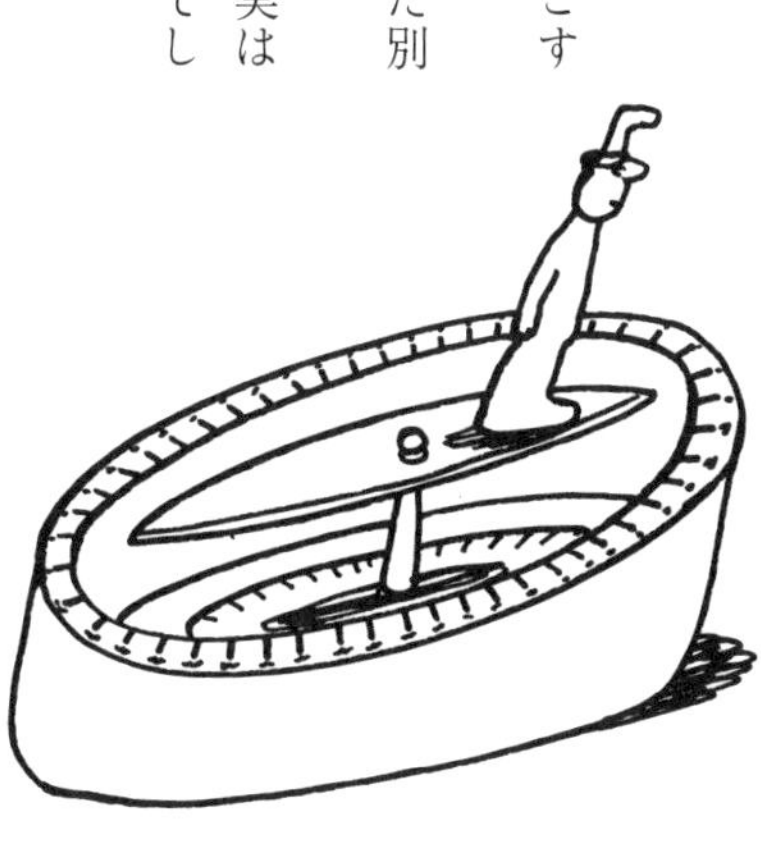

もちろん僕は、いついかなる時も欲望を変えよといっているわけじゃない。苦しくて苦しくて仕方がない時、僕たちには「欲望を変える」という選択肢もあるといっているだけだ。欲望の泥沼にはまったままもがきつづけるのは、ひどく苦しい。でも僕たちには、それまでの欲望とはまた別の欲望を豊かに生きる道だってあるのだ。

このことを自覚しているだけで、人生との向き合い方はきっと格段にちがってくるはずだ。

欲望が分からない

さて、ところが現代の僕たちには、近代人ルソーには思いもつかなかったもうひとつの不幸の本質がある。

自分の欲望が、そもそも何なのかが分からないという苦しみだ。

フランス革命前夜のルソーの時代、人びとは、絶対王政の社会の中で「自由に生きられない苦しみ」にもがいていた。

ひるがえって今、政治的自由や生き方の自由なんかを一応は手に入れた現代の僕たちは、むしろ「やりたいことが分からない」苦しみにもがいている。何をやろうがあなたの自由だ、どう生きたってかまわない、そういわれればいわれるほど、自分は何がしたいのか、どう生きれば幸せなのか分からない、そんな不幸を僕たちは抱えることになったのだ。

世界は欲望の色を帯びている。だから、もし僕たちが欲望をほとんど持たなかったなら、世界からは彩りが失われてしまう。

好きな人ができた時、僕たちの世界は彩り豊かに華やぎ出す。本好きの人にとって、書店は胸躍らせる宝の山だ。起業家の目には、周囲の人も、最新テクノロジーも、時事問題も、あらゆることが何かのチャンスのように映っているにちがいない。

でも、好きな人も、好きなことも、やりたいことも、何もなかったとしたら……。本屋はただの紙束置き場、周囲の人はしゃべる人形、といったくらいにしか、僕たちが思うことはないだろう。

もっとも、そんな色のない世界が大して苦しいことじゃなかったら、そこには何の問題もない。むしろ仏教が説くように、過度の欲望を抑え、世界から彩りを消し去り〝空（くう）〟の世界に生きるのは、高度な悟りの境地といえなくもない。

でも、前述したように、もしも自分の欲望が分からないことが苦しいことであるならば、僕たちはやっぱり、何らかの仕方で欲望を見つけ出し、世界に彩りを与える必要がある。

欲望を見つける

そんな時、僕は学生たちに、次の二つの方法をアドバイスすることがある。

一つは、価値観や感受性を刺激するものにたくさん触れること、そしてその経験を、人と交換し合うことだ。

映画や小説、音楽など、自分の価値観や感受性を刺激するものに触れて、自分はどんな作品に心動かされるんだろうということを見つめてみる。そしてそれを、人と交換し合う。

そうすることで、僕たちは、自分はいったいどういう人間で、何を求め、どのように生きたいと思っているのかが、徐々に分かってくることがある。人とはちょっとちがう感受性に気づいたり、どんな人と共感し合えるのかを知ったりする。

迂遠(うえん)な道のりのように思えるかもしれない。でも長い目で見れば、こうした経験を重ねることで、僕たちは自分の欲望を見つめ、これを育てていくことができるはずなのだ。

一方、何を見ても聞いても、心が動かされないということが時にある。映画も音楽も、全然心に響かない。そんな時も、人生にはしばしば訪れる。

ひどいウツに陥った時とか、失恋した時とか、大きな夢が崩れ去った時なんかがそうだ。

そんな時、僕たちの欲望はすべて砕け散り、世界はのっぺらぼうのように味気のないものになる。

前に何度か、僕たちは「事実の世界」を生きている前に「意味の世界」をこそ生きているというお話をした。ウツや失恋や挫折においては、この「意味の世界」が壊れ去ってしまうのだ。


そんな時に僕が推奨しているのは、「キッチン掃除メソッド」と呼んでいるものだ。

とりあえず、キッチン（トイレなんかでもよい）を掃除してみる。するとそこには、不思議なことにちょっとした〝意味〟の世界が現れる。

掃除によって、僕は世界にほんのわずかの〝意味〟を与えたのだ。

何を大げさなふざけたことを、と思われるかもしれないけど、ウツや失恋や挫折に苦しんでいる人は、ダマされたと思ってぜひ試してもらえたらと思う。僕自身で実証済みの、意外にあなどれない方法なのだ（「一般化のワナ」にひっかかっていないことを願うけど）。

何の欲望もないまま、ただ無心でキッチンを掃除していると、いつのまにか目に見えてキッチンが綺麗(きれい)になっていたことに気づく。その時僕は、僕の存在が、この世界に少しばかりの〝意味〟を与えたことを知る。

そうして与えた小さな〝意味〟は、僕が自分にとっての「意味の世界」をもう一度結わえ直していく最初の結び目になる。

僕と世界はつながっている。そんなかすかな実感がやってくる。

その実感は、最初は弱々しく、でもじわりじわりと、僕たちのさまざまな欲望を再び起動させることになる。次はあれをやってみようかな、あれもちょっと面白そうだな……。そんなふうに、欲望の触手が少しずつ伸びていくのだ。

こうして世界は、再び豊かな彩りを取り戻すのだ。

第12講　今すぐ使える哲学的思考（1）～〝事実〟から〝～すべし〟を導かない～

第2部の最後に、今すぐ使える哲学的思考の極意を三つご紹介したい。

一つ目は「〝事実〟から〝～すべし〟を導かない」。二つ目は「〝命令〟の思想ではなく〝条件解明〟の思考」。そして三つ目は「思考実験にご用心」だ。どれも、「欲望相関性の原理」を土台に編み出された思考の極意だ。

本講ではまず一つ目についてお話ししよう。

危険な論法

〝～すべし〟は、ちょっとむずかしい言葉で「当為（とうい）」と呼ばれている。**「事実から当為は直接導けない」**。これは哲学にかぎらず、あらゆる学問における初歩的な常識だ。

ところが、実は学者の中にさえ、この常識をしばしば忘れてしまう人たちがいる。

たとえば、こんなことを大まじめに主張している科学者が実際にいる。

「重大犯罪者の脳には、ある共通した特徴が見出せる（その可能性がある）。それゆえ社会は、子どもたちの脳を検査して、犯罪者脳の特徴を持つ人間を前もって収容、あるいは矯正教育をほどこすべきである」

「事実」から「当為」を直接導く誤りを犯した、まるでお手本のような論法だ。

なぜこの論法が誤りなのか？　理由は大きく三つある。

第一の理由は、ここで述べられている「事実」と「当為」との間に、論理的なつながりなんてどこにもないという点だ。

なぜ、犯罪者の脳に共通点があるという「事実」が、そうした人たちの収容を直接要請することにつながるのか？　この論法に従えば、むしろそうした子どもたちを「見守ろう」とか、あるいは「治療薬を開発せよ」とかいう理屈だってなり立つだろう。「臓器移植のドナーにしてしまえ」なんていう、SFホラーばりの恐ろしい理屈だって、その気になればなり立つかもしれない。

要するに、ある事実から特定の「当為」だけを導くなんてことはできないのだ。

二つ目の理由は、ニーチェがいったように、「まさしく事実なるものはなく、あるのはただ解釈のみ」という点にある。

何度もいってきたように、絶対的な事実なんてあり得ない。だから、重大犯罪者の脳に万が一ある共通点が見つかったとしても、それが犯罪者だけに特有の特徴といえるかどうかは分からない。もしかしたら、天才的頭脳の持ち主にだって共通した特徴かもしれないし、心が純粋な人にも共通した特徴であるかもしれないのだ。

にもかかわらず、「この脳の特徴を持った人間はみんな犯罪者予備軍だ」と、まるでそれが絶対の事実であるかのように主張するのは、やっぱりあまりに乱暴なことなのだ。

三つ目の理由は、この論法が、「犯罪者脳」の持ち主とされた人たちの〝欲望〟をまったく考慮していない点にある。

収容なんてされたくない。そう思う人たちの気持ちを、この論法は無慈悲にも切り捨てるのだ。「お前たちは犯罪者脳の持ち主なんだから、収容されて当然だ」などと主張して。

二〇世紀、人類は、このような論法を根拠にした数々の残酷な事件を目撃してきた。口にするのもはばかられるけど、二つの実例をあげよう。

ヒトラーはいった。

「ユダヤ人は劣等民族である。したがって殲滅(せんめつ)されるべきである」

優生思想家たちは、かつて大まじめにこう主張した。

「障害者は劣等種である。したがって生んではならない」

……今からすれば、こんな恐ろしいことを本気でいえた人間たちの気が知れない。過去の過ちを、人類は改めて十分反省するべきだろう。


でも実をいうと、これほど凶悪な思想ではないにしても、現代の僕たちも、論理的にはしばしば同じような誤りを犯しているのだ。

たとえば、読者のみなさんは次のような主張を耳にしたことはないだろうか？

「最近の若者は、就職してもイヤなことがあるとすぐ仕事を辞めてしまう。だから、もっと幼い頃からスパルタ教育をするべきだ」

「発達障害の子どもが増えている。だから、早期発見してもっと早いうちから向精神薬を飲ませるべきだ」

「飲酒運転による死亡事故が多発している。だから、飲酒運転をもっと厳罰処分にするべきだ」

数え上げれば、こうした例はキリがない。

でも、もしこの論法に従うなら、僕たちは次のような別の「べし」だって、いくらでも主張することができてしまうのだ。

「最近の若者は、就職してもイヤなことがあるとすぐ仕事を辞めてしまう。だから、会社はもっと若者たちの心のケアに力を入れるべきだ」

「発達障害の子どもが増えている。だから、学校や社会をもっとそうした子どもたちの暮らしやすい環境に変えていくべきだ」

「飲酒運転による死亡事故が多発している。だから、アルコールを検出したらエンジンがかからない自動車を開発するべきだ」

何度もいってきたように、ある事実を根拠に、どれかひとつの「べし」を特権的に導き出すことなんてできないのだ。

事実から当為は直接導けない。このことを、僕たちはつねに肝に銘じておく必要がある。

つねに欲望から考える

じゃあ、僕たちはいったいどうやって「べし」を導き出すことができるのだろう?

ここで思い出していただきたいのが、前講までにお話ししてきた「欲望相関性の原理」だ。

互いの「欲望」の次元にまでさかのぼること。これこそ「当為」を導くための一番根本的な方法なのだ。

第10講で、信念とは実は欲望の別名なのだといった。

これは当為についてもまったく同じだ。というか、そもそも信念というのは、それぞれの人が信じている「〜すべし」（当為）のことにほかならない。だから当為もまた、実は僕たち自身の欲望によって作り上げられたものなのだ。

犯罪者脳の子どもを収容せよと主張する人は、おそらくそのような欲望を心の奥底に持っている。同じように、スパルタ教育をせよと主張する人も、あるいは発達障害の子どもに向精神薬を飲ませよと主張する人も、そのような欲望をおそらくいくらか持っているのだ。

つまり彼らは、客観的な「事実」に依拠して「当為」を導いているように見せかけて、実は自身の「欲望」に都合のいいように「事実」を利用しているだけなのだ。だからこそ、彼らはある「事実」から特定の「当為」だけを選び出して、これこそ「当為」だと主張するのだ。

でも、僕たちが当為を導くにあたって本当に考えるべきなのは、それぞれの欲望を互いに投げかけ合い、そしてその上で、できるだけみんなが納得できる「べし」を見出し合うことなのだ。

犯罪者脳を持った子どもを収容することを、僕たちは本当に欲するのか？　発達障害の子どもに向精神薬を飲ませることを、本当に欲するのか？　……僕たちはそうやって、お互いの欲望を交換し合い問い合う必要がある。

絶対的な「当為」なんてない。だからこそ僕たちは、右のような対話を通して、〝共通了解〟可能な当為を見出しつづける必要があるのだ。

なぜ人を殺してはならないのか？

以上の話を応用して、ここで少し「なぜ人を殺してはならないのか？」という問いについて考えることにしたいと思う。

よく知られた話だけど、一九九七年、神戸連続児童殺傷事件（いわゆる酒鬼薔薇聖斗事件）が起こった際、テレビ討論番組で、「なぜ人を殺してはならないのか？」という質問が中学生から投げかけられたことがあった。出演していた知識人たちは、その時だれ一人としてこの問いに答えることができなかったという。

でも実をいうと、哲学的にはこの問いの答えははっきりしているのだ。

まず、絶対に正しい「当為」などというものはない。だから僕たちは、「人を殺してはならない」という当為を、絶対に正しいことというわけにはいかない。

実際、僕たちの社会では、たとえば正当防衛が認められているし、死刑だってある（死刑制度についてはこのすぐあとで論じたい）。戦争になれば人が殺されるし、しかもそれは必ずしも悪とは見なされない。つまり、「人を殺してはならない」という当為は、現代においてさえ絶対の正義とは見なされていないのだ。

過去においてはなおそうだ。太古の昔には生贄もあった。中世や近世には切腹もあった。主君が死んだ時には、家来が殉死させられることだってあった。人の命は、今より圧倒的に軽いものだったのだ。

だから僕たちは、「人を殺してはならない」という当為を、時代や文化を超えた絶対的な当為というわけにはいかないのだ。

でも、それでもなお、この現代社会において、僕たちは「人を殺してはならない」という当為を大原則として認めなければならない。

なぜか？

それは、この原則が、僕たち人類が長い争いの末についにつかみ取った〝ルール〟だからだ。

第1講でいったように、人類は「自由」への欲望を叶えるために果てしなく戦争をつづけてきた。そしてその一万年以上におよぶ戦いの末に、ついに「自由の相互承認」という原理を考え出したのだ。

「自由の相互承認」における一番大事なルール、それは「人を殺さない」ということだ。命がなくなったら、自由も何もあったものじゃない。

それはまさに、人びとがお互いの欲望をすり合わせて作り上げたルール（当為）だったといっていい。だれもが自由に生きたいという欲望を持っている。だから人類は、この欲望を満たすために、お互いの自由を侵害しないという約束を相互に取りかわしたのだ。

これが、「なぜ人を殺してはならないのか？」という問いの答えだ。

人を殺してはならないのは、神様がそう決めたからでも、人間が生まれながらに神聖な存在であるからでもない。かわいそうだからとか、残酷だからとかいった、純粋に感情的な理由によるのでもない。

人を殺してはならない最も根本的な理由、それは、「人を殺さない」ということが、長い戦争の歴史の果てに、人類がついに見出し合った〝ルール〟だからなのだ。いい換えるなら、もし僕たちが「自由の相互承認」を土台とした社会で暮らしたいと願うのなら、そのかぎりにおいて、僕たちは「人を殺してはならない」のだ。

死刑制度について

次に、もうひとつの応用問題、「死刑制度」についても考えてみることにしたいと思う。

結論からいうと、僕自身は死刑制度は廃止すべきだと考えている。この社会が「人を殺してはならない」というルールでなり立っている以上、ルールの運営者である国家自らがそれを破るなんて、本来あってはならないはずだからだ。

でも、死刑賛成論者は、特に次のような理由で死刑廃止に反論する。

「遺族のことを考えたら、死刑は認められるべきである」

と。

感情的には、この理由には痛いほど共感できる。僕ももし犯罪被害者の遺族だったら、犯人を死刑にしてほしいときっと思うんじゃないかと思う。

でも残念ながら、この論拠は――遺族のことを思うと本当に心苦しいのだけど――哲学的にはどうしてもなり立たないのだ。

法は何のためにあるのか？　それは「自由の相互承認」のため、つまり、だれもが対等に自由な存在であることを守るためだ。

だからこそ、法はそのためにまず〝私闘〟を禁止する。もし〝私闘〟を認めてしまったら、いたるところ殺し合いだらけになって、僕たちの自由は深刻な危険にさらされることになるからだ。

いじめられた報復だといって、だれかを殺す。財布を盗まれたからといって、盗人を刺し殺す。そんなことがまかり通ってしまえば、「自由の相互承認」も何もあったものじゃない。だから法は〝私闘〟を禁止する。そして、〝私闘〟を行った者を法の名のもとに処罰する。

「遺族のことを考えたら死刑を認めるべきだ」という論法がなり立たない理由は、まず何をおいてもここにある。

なぜならこれは、〝私闘〟の論理、つまり私的な〝報復〟の論理であるからだ。

「遺族の苦しみを癒すためには、犯人を死刑に処すほかにない」

この主張は、まぎれもなく報復の論理にもとづくものだ。

でも、「罰」とはそもそも被害者の報復のためにあるものじゃない。

それはあくまでも、法（ルール）を侵したことに対するペナルティなのだ。

物を盗んだ人が罰せられるのは、被害者の恨みを晴らすためじゃない。「盗んではならない」というルールを破ったからだ。詐欺を働いた人が罰せられるのは、お金をだまし取られた人の腹いせのためじゃない。それが法によって禁止されているからなのだ。

僕たちは、自分たちが自由に暮らすためにこそ、他者の自由を侵害しないというルールを作った。だからこのルールを侵した時、僕たちは法の名のもとに罰せられることになるのだ。


遺族の恨み、そして報復への〝欲望〟は、想像するにあまりある。でも、非情な話ではあるけれど、この〝欲望〟は他の〝欲望〟とどうしてもすり合わせられる必要がある。

もし報復への〝欲望〟を認めてしまったら、社会はいったいどうなってしまうだろう？

そこかしこに私闘が蔓延（まんえん）して、「自由の相互承認」の原理は音を立てて崩れてしまうことになるだろう。

そのことを、現代の僕たちは欲さない。少なくとも、近代以降、僕たちは〝私闘〟を認めない社会を欲してきたのだ。

もうひと言いっておくと、死刑存続論者は、「犯罪抑止力」もまたその根拠としてあげている。死刑があることで、凄惨な殺人事件が起こりにくくなっているというのだ。

これについては、別に死刑は大して「抑止力」になっていないという研究もあって、正確なところは僕にはよく分からない。

でも、たとえ抑止力になっているとしても、次のような論法が直接的にはなり立たないことを、僕たちは改めて思い出しておく必要がある。

「死刑は犯罪抑止力になっている。したがって、死刑は存続させるべきである」

これは、事実から当為を直接導き出した誤った論法なのだ。

もし死刑が抑止力になっているという事実（と解釈されるもの）があったとしても、そこから直接死刑存続の「当為」を導くことはできない。事実は事実として〝参照〟しながらも、僕たちはもっと深い「欲望」の次元から当為を考え合う必要があるのだ。

もっとも、現時点では日本では死刑存続を〝欲している〟人のほうが多いそうだから、それはそれとして尊重される必要がある。何度もいうように、社会的な当為は欲望のすり合わせによって導き出されるほかないからだ。

でも、その上でなお、僕は死刑制度については次のようにいうべきだと考えている。「人は自由に生きることを欲し、それゆえに「自由の相互承認」の原理にもとづいた社会を欲する。そのために、社会は〝私闘〟を禁止しなければならない。したがって、〝私闘〟の論理である〝報復〟にもとづいた死刑制度もまた、廃止されるべきである」

もちろん、この論はいつだって反論に開かれている。絶対の当為なんてない。だから僕たちは、これからもこのテーマについて、〝共通了解〟めがけて対話しつづけていく必要がある。

【コラム④】　マックス・ヴェーバー

「事実から当為（～すべし）は導けない」。このことを鋭く論じた一人に、一九～二〇世紀ドイツの偉大な社会学者、マックス・ヴェーバー（1864―1920）がいる。

ヴェーバーの最も有名な著作は、『プロテスタンティズムの倫理と資本主義の精神』（通称「プロ倫」）。資本主義はヨーロッパで勃興したけれど、その成功の背景には、資本主義とは一見矛盾する、プロテスタントの〝禁欲的〟な倫理があったことを明らかにした作品だ（ただし、現代の多くの歴史学者はこの説を否定している）。

このヴェーバー、僕の考えでは、社会「科学」の天才であっただけでなく、その哲学センスも相当のものだった。

『社会科学と社会政策にかかわる認識の「客観性」』という本（通称「客観性論文」）の中で、ヴェーバーは、科学が明らかにするのはあくまでも「事実」であって、「〜すべし」ではないことを強く訴えた。「事実」から「〜すべし」を、直接導くことはできないのだと。

しかも彼は、科学的な「事実」もまた、絶対的・客観的な真理ではなく、ある関心から切り取られたひとつの〝見方〟であるにすぎないことを繰り返し強調した。科学――とりわけ社会科学――にできるのは、だからあくまでも、人びとによりよいものの〝見方〟を提供することなのだ、と。

「欲望相関性の原理」を、ヴェーバーも深く理解していたのだ。

科学のめざましい進歩に人びとが浮かれていた当時、多くの科学者は、科学がいつか、絶対的な「真理」を、「事実」についてはもちろん「価値」（善や美など）についてさえも発見することができるはずだと信じていた。

そんな時代にあって、ヴェーバーは一頭地（いっとうち）を抜く科学者だったのだ。

つづいて、「〝命令〟の思想ではなく〝条件解明〟の思考」についてお話ししよう。

「命令」の思想

人類は、これまで無数の〝命令〟の思想を持ってきた。

たとえば、モーセの十戒。旧約聖書の「出エジプト記」に記されている、神ヤハウェがモーセに与えたとされる十の命令（契約）だ。

この中には、ヤハウェ以外に神を持ってはならないこと、人を殺してはならないこと、姦淫してはならないこと、盗んではならないことなどが定められている。

でも、もういうまでもないことだと思うけど、哲学的には、これらはどれも絶対に正しい命令とはいえない。

僕たちは、だれかに殺されそうになった時にも、絶対に「人を殺してはならない」という命令に従わなければならないのだろうか？　飢えて死にかかっている人に対して、絶対に盗みをしてはならないといえるだろうか？

「命令の思想」には、次の二つの問題がある。

一つは、今いったように、そもそもその命令が絶対に正しいものとはいえないということ。

そしてもう一つは、結局人は、命令されてもしばしばそれに従うことができないという点だ。

実際、ユダヤ教徒もキリスト教徒も、「殺してはならない」と命じられているにもかかわらず、これまでにたくさんの人の命を奪ってきた。多くのイスラーム教徒が犠牲になった十字軍や、同じキリスト教徒同士の、カトリックとプロテスタントの凄惨な争いなど、その例は数え上げればキリがない。

その意味で、「命令の思想」はひどくもろい思想といわざるを得ないのだ。


それでも、人類はこれまでに多くの「命令の思想」を生み出してきた。

哲学者の中にも、絶対的な「命令の思想」を打ち立てた人はたくさんいる。

たとえば、一八世紀のドイツの哲学者、イマヌエル・カント（1724―1804）がそうだ。

カントは、「絶対の真理なんてない」ということを最も早い時期に論じた偉大な哲学者なのだけど、その一方で「定言命法（ていげんめいほう）」という道徳法則を打ち立てた人でもあった。

定言命法とは、いついかなる時にも絶対に従わなければならない命令のこと。カントは、この絶対の命令を人間は理性によって見つけ出すことができるんだと主張して、それを次のような言葉で表した。

君の意志の格律（かくりつ）が、いつでも同時に普遍的立法の原理として妥当するように行為せよ。

（『実践理性批判』）

初めて聞く人にはちんぷんかんぷんだと思うので、以下に少し解説しよう。

ここでカントがいっている「格律」というのは、僕たちが自分自身に課しているルールのことだ。朝は六時に起きるとか、お年寄りには席を譲るとかいったことなどだ。

カントは、この自分の「格律」が、ほかのすべての人もまた守らなければならない道徳法則といえるかどうかを吟味せよという。人はだれもが六時に起きるべきといえるだろうか？　だれもがお年寄りに席を譲るべきといえるだろうか？　……そんなふうに吟味して、もしそれが普遍的な法則といえるのならば、自らの意志をもってその法則に必ず従えとカントはいうのだ。

　この場合、朝六時に起きるべしというのは、おそらく普遍的な道徳法則にはならないだろう。でも、お年寄りに席を譲るべしというのはどうだろう？　カントなら、それは普遍的な道徳法則であるというかもしれない。

　実際カントは、困っている人を助けないのは定言命法に反することだといっている。だれもが人を助けない世の中など、あっていいはずがないからと（『道徳形而上学原論』）。

　またカントは、自殺は絶対にしてはならないという。自殺がすべての人の格律であっていいはずがないからと。

　ほかにも、返すつもりがないのに借金をすることとか、才能があるのにそれを発揮しないこととかも、カントにいわせれば定言命法に反することになる。本当にそうなのかな？　と思わないでもないのだけど、とにかくカントにいわせればそうなのだ。

　カントの道徳哲学を読むと、その熱い理想主義に胸を打たれる。キリスト教がすべてを支配していた当時のヨーロッパにおいて、カントは、それまで神によって定められていた道徳を人間の手に取り戻した。道徳的であるということは、神の命令に従うことじゃなく、僕たち自身の理性が見つけ出した道徳法則に自らの意志で従うことにこそある。彼はそう主張したのだ。

『実践理性批判』という本の中で、カントは、驚きまた敬意を払うべきものが二つあるといっている。一つは、星がいっぱいにちりばめられたこの天空。そしてもう一つは「わが内なる道徳法則」だ。

人は、自分の理性によって絶対的な道徳法則（定言命法）を見つけることができる。そしてそれに、自分の意志で従うことができる。何と崇高で驚くべきことなんだろう！　そうカントはいったのだ。

でも、カントの〝理想〟に反して、人間はいついかなる時も定言命法に従える存在だとはいいがたい。残念ながら、僕たちは困っている人を見て見ぬふりをしてしまったり、時にはウソをついたり、才能を浪費して、日々をだらだら過ごしたくなったりもするものなのだ。

カントの道徳哲学は、だからちょっと理想主義にすぎるといわざるを得ない。「命令の思想」には、どうしても非現実性というもろさがあるのだ。

“条件”を考える

そこで僕たちは、「命令の思想」から脱却して、より力強い思考へと考えを進める必要がある。

「いついかなる時も、困っている人に手をさしのべよ」

「命令の思想」はそう主張する。

それに対して次のように考えてみよう。

「どのような条件を整えたなら、人は困っている人に手をさしのべようと思うのだろう?」

このような考え方を、ここでは「条件解明の思考」と呼ぶことにしたいと思う。

たとえば、僕たちは自分に余裕がない時、人に手をさしのべようとはなかなか思えない。あるいは、これはルソーがいっていることなのだけど、自分より幸福な人に手をさしのべようともあまり思えない(『エミール』)。

ほかにもルソーは面白いことをいっていて、たとえば、自分も陥るかもしれない不幸に見舞われた人に対しては、僕たちは手をさしのべたくなる傾向があるという。なるほど、たしかに僕も、哲学徒だから、物をつい考え込んでウツっぽくなった人には手をさしのべたいと思うけど、株で大損した大富豪に対してはあんまりそうは思わない。

こんなふうに、ただ素朴に「困っている人に手をさしのべよ」と命令するのではなく、「どうすれば人は人を助けたいと思うようになるのだろう?」と考えること。このような**「条件解明の思考」こそ、「命令の思想」なんかよりはるかに力強く、また現実的な思考法と**いえるんじゃないかと思う。

攻撃的な「徳の騎士」

「命令の思想」を持つ人は、時に攻撃的にもなりやすい。自分の信じる正義を掲げて、それに従わない人を断罪するのだ。

前にも紹介したヘーゲルという哲学者は、そうした人たちを「徳の騎士」と呼んでいる(『精神現象学』)。

「なぜお前は困っている人に手をさしのべないのか!」

「なぜお前はボランティアをやらないのか!」

「徳の騎士」は、そういって他者につめ寄り攻撃する。

でも、それはかえって非道徳的な行為にもなりかねない。「徳の騎士」、それは〝正義〟を笠に着て他者を傷つける、ひどく独善的な人間なのだ。

だから改めていいたいと思う。

命令の思想を、条件解明の思考へと転換しよう。

たとえば、「人に思いやりを持て！」と命令するのではなく、「どうすれば人は人を思いやれるんだろう？」と考える。「苦しんでいる人たちへの無関心は悪である！」というのではなく、「どうすれば無関心が関心に変わるんだろう？」と考える。「震災ボランティアをやらないお前たちは人間としてまちがっている！」というのではなく、「人はどのような条件が整った時にボランティアをしたくなるんだろう？」と考える。

小中学校の道徳の授業なんかでも、「いじめは絶対にダメ」なんて教えるのも悪くはないかもしれないけど、むしろ、「人はどのような条件が整った時にいじめをしてしまうんだろう？」「どのような条件を整えればいじめをなくすことができるんだろう？」と考え合ったほうが、子どもたちの思考はより広がり鍛えられていくんじゃないかと思う。

命令の思想ではなく、条件解明の思考。これこそ、現実的な力強い哲学的思考なのだ。

【コラム⑤】 カント

カントは、『純粋理性批判』『実践理性批判』『判断力批判』といういわゆる「三批判書」によって、近代哲学のトップに躍り出た哲学者だ。

第3講でもいったように、哲学のメインテーマは〝真〟〝善〟〝美〟。カントはこれらすべてのテーマにおいて、時代の頂点に立った。先の「三批判書」は、それぞれ〝真〟〝善〟〝美〟を扱ったものだ。

ただし、〝善〟（道徳）を扱った『実践理性批判』については、第13講でもいったように、カントの哲学はやや非現実的といわざるを得ない。僕の考えでは、色あせることのないカントの最大の功績は、何をおいても『純粋理性批判』にある。

『純粋理性批判』の一番のメッセージは、「形而上学（けいじじょうがく）」の禁止。形而上学とは、簡単にいえば「究極の真理」を問う学のこと。たとえば、「世界のはじまりは何か？」「世界の最小単位は何か？」「神はいるのか？」といった、だれもが一度は考えたことがあるような問いのことをいう。

カントは、僕たち人間がこうした形而上学的問いに答えることは決してできないことを明らかにした。

なぜならそれは、僕たちが「理性」を持った存在だから。

「理性」とは、物事の根拠を推論しつづける能力のこと。

たとえば、世界のはじまりはビッグバンだとかインフレーションだとかいわれるけど、僕たちの理性は、そもそもビッグバンがなぜ起こったのかを考えずにはいられない。いつかある科学者が、「世界の最小単位はこれだ！」と主張することがあったとしても、僕たちは、それがいったい何でできているのかを推論せずにはいられない。

理性を持っているかぎり、僕たちが形而上学的問いに答えることは決してできないのだ。

形而上学をやめよ。このカントのメッセージは、天動説から地動説への転換に匹敵するほどの意義を持っている。

絶対に正しい宗教や神など、人類は答えのない問いをめぐって争いつづけてきた。でもそんなことはもうやめにするべきだ。二〇〇年以上も前に、カントはそう訴えたのだ。

第14講　今すぐ使える哲学的思考（3）～思考実験にご用心～

哲学者はよく「思考実験」をする。

たとえば、「救命ボート問題」という有名な思考実験がある。「豪華客船が難破した。一〇人乗りの救命ボートに、一一人が乗り込んだとしたら……」というやつだ。聞いたことのある人も多いだろう。

その時僕たちは、一〇人が助かるためにだれかを海に放り出してもいいものなのか？

それはほとんどが「ニセ問題」

結論からいっておくと、こうした「思考実験」のほとんどはニセ問題だ。

思考実験は、たしかに僕たちの思考の幅を広げてはくれる。でもやり方をまちがうと、それは人を思考のどん詰まりへと導くだけなのだ。

たとえば、先にあげた救命ボート問題は、「だれかを海に放り出すのは正しいことか、否か？」と人にたずねる。

でもこれは、もはやいうまでもなく「問い方のマジック」だ。

なぜ、僕たちは「正しいか、否か？」という問いの中だけで思考しなければならないのだろう？　もしそこに屈強な若者がいれば、「一〇分なら泳げる」というかもしれない。船の切れ端を見つけて、そちらにだれかが移動することだって可能かもしれない。

「思考実験」は、多くの場合究極の選択状況を設定して、あちらかこちらか、どちらかを選べと僕たちにせまる。でもダマされてはいけない。僕たちは、そんな「問い方のマジック」に惑わされることなく、何とかして第三のアイデアを見出そうと考えるべきなのだ。


「ベジタリアンは、もし食べられることを喜ぶ豚がいたらどうするのか？」なんていう思考実験もある（ジュリアン・バジーニ『１００の思考実験』）。

これも立派な「ニセ問題」だ。

第８講で、僕は哲学の命は〝思考の始発点〟を敷くことにあるといった。だれもが納得できる、疑い得ない思考の始発点――それが「欲望相関性の原理」だった――、そこから思考をはじめないかぎり、僕たちはどんな議論に対しても、いくらでも反論を繰り広げることができてしまうのだ。そう、あの「帰謬法（きびゅう）」という「相手をいい負かすための議論術」を駆使して。

食べられることを喜ぶ豚がいるかどうかなんて、僕たちはどうがんばっても分からない。だから、「もし」という〝だしかめ不可能〟な問いからはじめるかぎり、議論は決して決着を見ることがない。どちらの立場に立つにしても、帰謬法を使えば「何とでもいえてしまう」からだ。

実際、「救命ボート問題」にしても、「食べられたがっている豚」の話にしても、議論の決着がつくことはない。あとに残るのはもやもやだけだ。議論の進行役は、たいていこういって話を終えることになる。

「いや〜むずかしい問題ですね。こうした問題に、絶対の答えなんてないんですね。でも、こうやって考え合えたことに意味があったんです。それこそ哲学の醍醐味なのです」

こうしたセリフを聞くにつけ、僕は哲学徒として本当にやるせない気持ちになる。

何度もいってきたように、哲学は答えのない問題をただぐるぐると考えるものじゃない。すぐれた哲学者たちは、どんな問題についても、何らかの〝共通了解〟を見出すべく思考を鍛え抜いてきたのだ。

だから僕たちは、まずニセ問題をニセ問題だと喝破する必要がある。そしてその問いの立て方それ自体を、第6講でくわしく述べたように、〝共通了解〟可能な〝答え〟を出せる形に立て直すべきなのだ。

無知のヴェール

思考実験には、それがそもそもニセ問題であるということのほかにもうひとつ深刻な問題がある。

導き出したい結論に合わせて、いくらでも都合のいい思考実験の舞台を設定することができるという問題だ。

二〇世紀の最も著名な政治哲学者、ジョン・ロールズ（1921―2002）の理論はそのひとつの好例だ。

個人的には、僕は彼の真摯で良心的な哲学がとても好きだ。でもその理論は、残念ながらこの種のまちがった思考実験から導き出されたものなのだ。

『正義論』という本の中で、ロールズは次のような思考実験を行っている。

社会正義を公正な立場から考えるのはとても難しい。なぜなら僕たちは、生まれながらの家庭環境や才能や性別などの影響を受けて、正しい判断をすることができないから。

そこで、「原初状態」という思考実験の舞台を設定してみよう。

「原初状態」とは、僕たちが「無知のヴェール」というもので覆われ、自分の生まれた家、才能、人種、財産、性別、健康状態などのいっさいの情報を知ることができない状態のこと。

もし僕たちが、このようなヴェールに覆われた状態で議論をしたなら、いったいどんな「正義」の原理（契約）を導き出すことになるだろう？

その時僕たちは、最も恵まれない人に有利になるような「正義」の原理（契約）を考え出すにちがいない。そうロールズは主張する。自分がお金持ちなのか貧乏なのかなどが分からなければ、議論の末にこのヴェールがはずされて、万が一自分が貧しい家の出身だったことが分かった時、生活に困らないようなルールをあらかじめ設定するにちがいない、と。

こうしてロールズは、「原初状態」こそが最も公正な思考の舞台であり、この状態から導き出された考えこそが「正義」の原理になると訴えたのだ。

とてもスリリングな思考実験だ。ロールズ以降、政治哲学の世界ではこれに似た思考実験が雨後の筍のように現れて、この分野は一時ものすごい活況を見せた。

でも、ロールズのこの思考実験は、残念ながら彼の信念に都合よく作られたものといわざるを得ない。

ロールズは、そもそも生まれの差によって社会的成功に差が出るのは道徳的におかしいという〝信念〟を持っている。だからこそ、彼は「無知のヴェール」に覆われた「原初状態」という舞台を作った。

でもこの場合、出てくる正義の理論は、まさに「生まれの差」をできるだけ平準化しようとするものになるに決まっている。

要するに、ロールズの思考実験は次のような推論でなり立っているのだ。

生まれの差によって社会的成功に差が出るのはおかしい、だからこの差がない状態で議論をしよう、そうすれば、差をできるだけ取り除こうとする正義の理論ができあがる……。

つまりロールズは、論点先取りの、いい換えれば結論ありきの思考実験をやっているのだ。

誠実なロールズは、この自分の理論が本当に正しいといえるかどうか、あの手この手で検証しようとしている。でも僕は、その検証は失敗に終わったと考えている。

ロビンソン・クルーソー状態

実際、ロールズの批判者の中には、彼の道徳的〝信念〟（前提）それ自体に納得しない人たちがいる。

「生まれの差によって社会的成功に差が出るのは、なぜ道徳的におかしいことといえるのか？」

彼らはそう主張する。彼らにいわせれば、生まれ持った地位や才能も、一人ひとりの人間に与えられたひとつの〝権利〟だ（権原と呼ばれる）。だから、ロールズのようにこの差を社会が平準化しようとすることのほうが、「正義」に反することといわねばならない。

そこでまた、彼らは別の思考実験を考え出す。

たとえば「ロビンソン・クルーソー状態」という思考実験がある（マレー・ロスバード『自由の倫理学』）。

無人島に一人流された、ロビンソン・クルーソーがいたとしてみよう。彼は生き延びるため、自分で家を作り、畑を耕し、食べ物を得る。

こうして獲得された彼の財産は、いったいだれのものといえるだろうか？

それはもちろん、彼自身のものだ。

つまりわたしたちは、自分に所属するいっさいのものを、自分のものとすることができるのだ。そう、生まれも、財産も、そして身体も、すべてはだれにも侵せない権利（権原）なのだ。


いうまでもなく、ここでもまた、ロールズの批判者は自分の導きたい理論にとって都合のいい舞台を設定している。彼らにいわせれば、ロールズの「原初状態」ではなく「ロビンソン・クルーソー状態」のほうが、社会の「正義」について考えるのにふさわしい思考実験なのだ。

でも、なぜ僕たちは「ロビンソン・クルーソー状態」から考えをはじめる必要があるのだろうか？　あるいは「原初状態」からはじめる必要があるのだろうか？

その理由を十分説得的に説明することはだれにもできない。なぜならどちらの思考実験も、それぞれの信念にとって都合よく作り上げられたものにすぎないからだ。

「欲望」の次元から考える

ロールズとその批判者たちの対立を、僕たちはどうすれば解き明かすことができるのだろう？

思い出すべきは、ここでもやっぱり「欲望相関性の原理」だ。

すべては「欲望」の次元から。これこそ哲学的思考の奥義なのだ。

ロールズの信念も、彼の批判者たちの信念も、実をいうと彼らの「欲望」の別名なのだ。

だから僕たちは、双方の欲望の奥底にまでさかのぼり、両者が納得できる共通関心（共通欲望）を見出す必要がある。

その手順は、前にくわしく論じた「共通了解志向型対話」（超ディベート）のとおりだ。

今一度いっておくと、次のようになる。

①対立する意見の底にある、それぞれの「欲望・関心」を自覚的にさかのぼり明らかにする。
②お互いに納得できる「共通関心」を見出す。

③この「共通関心」を満たしうる、建設的な第三のアイデアを考え合う。

僕の考えでは、両者の「欲望・関心」をとことんさかのぼれば「自由」への欲望（共通関心）に行き当たるはずだ。

とすれば、建設的な第三のアイデアは「自由の相互承認」の原理のほかにない。ロールズも彼の批判者たちも、この原理についてならきっと合意できるはずだ。つまり政治哲学もまた、この「自由の相互承認」の原理を始発点にして、これをどうすればより現実のものにしていけるかを問い合う学問であるべきなのだ。

と、これ以上話を進めると本題からそれてしまうので、このテーマについてご興味のある方は、拙著『「自由」はいかに可能か』をお読みいただければ幸いだ。

とまれ、以上のように、だれかが思考実験を繰り広げた時は、読者のみなさんにはまず用心してかかってみることをおすすめしたい。

それはそもそもニセ問題である可能性が高いのだ。そしてまた、多くの場合、それは自分の都合のいいように作られた思考実験なのだ。

第3部

哲学対話と本質観取

第15講　哲学対話をはじめよう

本第3部では、これまでにお話ししてきた「哲学的思考」をフル活用して、実りある「哲学対話」の方法についてご紹介したい。

「まえがき」でもいったように、今「哲学対話」がちょっとしたブームになっている。日本だけでなく、アメリカやヨーロッパなどでも、学校やカフェで「哲学対話」の時間を楽しむ人が増えている。

時代の混乱期、多くの人びとは、そもそもの根本から物事を考える哲学に、きっといくらか希望を見出しているんだろう。

哲学徒にとって、それはとてもうれしいことだ。

でも同時に、ちょっとした心配もないわけじゃない。

これまで述べてきたように、哲学的思考にはちょっとしたコツがある。「一般化のワナ」に陥らないとか（第5講）、「問い方のマジック」にひっかからないとか（第6講）、相手をいい負かすためのむなしい「帰謬法」を使わないとか（第7講）、「事実から当為を直接導かない」（第12講）とか、いくつか知っておくべきコツがある。

そうしたコツを知らずに、なまじ〝哲学的〟な対話をしてしまうと、非建設的な議論に終始して、僕たちはかえって対話への希望を失ってしまうことがある。「なんだ、哲学対話なんて、結局屁理屈をこねるヤツの自己満じゃないか」なんて思ってしまうこともある。

そこで今回は、多くの小・中・高校生や大学生、また社会人の人たちと、僕がこれまでに行ってきた「哲学対話」の方法を、いくつかお伝えすることにしたいと思う。「まえがき」でもいったように、もしご興味があれば、関心のある人たちで集まってやってみたり、読者の中に学校の先生がいらしたなら、希望する生徒たちと実践するなどしていただければ嬉しく思う。

価値観・感受性の交換

「哲学対話」のひとつめの、そして最も初歩的な方法は、「価値観・感受性の交換対話」と僕が呼んでいるものだ。これについては第11講でも少しお話しした。大人がやっても意義深いけど、小中学生でも比較的簡単にできる哲学対話だ。

具体的には、小説やマンガ、映画、音楽などの、いわば〝批評〟のことと考えてもらえればいいだろう。

もっとも、批評というと、作品の構成や時代背景、あるいは作者の思想の分析などを思い浮かべる人もいるだろうけど、ここでいう批評はそういったものじゃない。

その作品の、何が自分の心を打ったのか、あるいは打たなかったのか、そのことをお互いに言葉にして交換し合うのだ。

この対話には、大きく三つの哲学的な意義がある。

一つは、**「自分自身をより深く知る」**という点において。

第三講でもいったように、「汝(なんじ)自らを知れ」はソクラテス以来の哲学の最重要テーマだ。

でも、僕たちはそもそもどうすれば、自分自身のことを深く知ることができるんだろう?

その一番の方法は、自分の価値観や感受性を見つめ、そしてそれを人と交わし合うことだ。

「価値観・感受性の交換対話」は、自分はいったい何者なのかを深く内省させてくれる、つまり深い〝自己了解〟をもたらしてくれるものなのだ。

二つ目の意義は、その〝自己了解〟に加えて、**〝他者了解〟もまた深まる**ということにある。それはつまり、お互いに〝他者尊重〟の土台を築き合うということでもある。

対話をつづける中で、僕たちは、人それぞれ価値観や感受性が大きく異なっていることを肌で感じる。そしてそのちがいの理由を、対話を通して深く探り合う。

自分の考えや感じ方は、だれにでも共感されるわけじゃない。当たり前のことだ。でも、そのことをとことん自覚して、自分とは考えのちがった人を尊重できるようになるためには、そうした多様な人たちとのコミュニケーションの経験を積む必要があるのだ。

「価値観・感受性の交換対話」は、そのためのひとつの貴重な経験になるはずだ。

とはいっても、何でもかんでも「人それぞれ」をいい立てるだけの議論は、哲学対話の名に値しないと僕は考えている。何度もいってきたように、哲学の本領は、異なる意見の持ち主たちが何らかの**〝共通了解〟を見出し合う点**にこそあるからだ。

「価値観・感受性の交換対話」の三つ目の意義は、まさにこの点にこそある。

それが本当にすぐれた作品であったなら、僕たちは多くの場合、「この作品はたしかにここがすぐれている」という〝共通了解〟にたどり着くことができる。それはまさに、その作品の〝よさ〟の「本質」を見出し合うことにほかならない。

もちろん、万人が感動する作品なんてないだろう。でも、これはぜひ読者のみなさんに経験していただきたいと思うのだけど、それが本当にすぐれた作品である場合、批評を交わしているうちに、その〝よさ〟の本質が浮かび上がってくることがある。人それぞれ好き嫌いはある。でも、たしかにこの点については作品の力を評価しないわけにはいかないと納得し合えるような、そんな本質にたどり着くことがあるのだ（逆にいうと、一般に名作といわれている作品も、右のような批評をしているうちに、「あれ、これはいうほどの名作じゃないんじゃないか？」と気づくこともある）。

手塚治虫（てづかおさむ）の『火の鳥』は名作だ。宮崎駿（みやざきはやお）の『となりのトトロ』はすぐれたアニメだ。どれだけ読むのに骨が折れるとしても、ドストエフスキーの『罪と罰』はホンモノの文学だ。

これらはいったい、どのような意味において名作なのか？　どんなふうにすぐれているのか？　なぜホンモノといえるのか？　要するに、なぜ、そしてどんなふうに僕の心を打つのだろうか？　哲学対話では、そうしたことをだれもが納得できるような言葉に紡いでいくのだ。

『ヘドウィグ・アンド・アングリーインチ』

若干余談ながら、僕の愛する映画に『ヘドウィグ・アンド・アングリーインチ』という作品がある。男性から女性への性転換手術に失敗し、股間に怒りの一インチ（アングリーインチ）を残してしまったロックミュージシャン、ヘドウィグの物語だ。

そのハチャメチャな舞台設定、奇抜なファッション、同性愛、ケバケバしいグラム・ロックの世界……。たぶん、好き嫌いがおそろしく分かれる映画だと思う。

でも僕は、この作品の〝よさ〟をちゃんと言葉にできるし、そしてその言葉は、この作品が嫌いな人にも、「なるほど、たしかにその点はすぐれているといえるね」と納得してもらえるものだと信じている。

男でも女でもない、あるいは男でも女でもあるヘドウィグは、愛をどうやって見つければいいのか分からない。どう求めればいいのか分からない。

「それは男なの？　女なの？　美しい人？

セックスは？　セックス……それは、切り裂かれた二人をもう一度ひとつにつなごうとする行為なの？」

ヘドウィグは作中でそうつぶやく。

〝今ここにとはちがう世界〟を、ヘドウィグはいつも夢見ずにはいられない。映画の中で彼女は歌う。

「お化粧をして、テープをかけて、棚からカツラを取り出しかぶる。すると突然、わたしは女優ファラ・フォーセットになるの。目が覚めて、また元の自分に戻ってしまうまで」

「ウィッグ・イン・ア・ボックス（Wig in a Box）」という、とても美しい曲だ。

彼女はたしかに〝フツー〟の人じゃない。いわば〝異形〟の人だ。そんな彼女の中には、だからこそ、〝満たされなさ〟と、それゆえに育まれた〝今ここにとはちがう世界〟へのあこがれがある。

でも、それは実はどんな人の心の中にもきっとあるものだ。『ヘドウィグ・アンド・アングリーインチ』は、そんな人間の、こんなにも切ないある普遍性を、見事に表現することに成功した作品なのだ。

何年か前、大学生たちと、この『ヘドウィグ』について哲学対話（批評）をしたことがあった。案の定、この映画の世界観がまったく理解できないという人も何人かいた。でも右のような話をすると、「たしかにその点についてはすぐれた映画といえるかもしれない」と、彼らも納得してくれた。

繰り返すけど、「価値観や感受性の交換対話」は、ただ「人それぞれ」をいい立てるものじゃない。さまざまな感じ方や考え方があってなお、何らかの〝共通了解〟を見出そうとすること。それが哲学対話の本領なのだ。「対話する」ことの希望は、ここにこそあると僕は考えている。

共通了解志向型対話（超ディベート）

哲学対話の二つめの方法は、第7講でくわしく書いた「共通了解志向型対話」（超ディベート）だ。

これについては、以前に紹介しているのでここでは繰り返さない。ただ、今一度ひと言だけいっておくとするなら、これもまた、やはり〝共通了解〟を見出し合うための哲学対話だということだ。

競技ディベートのように、「あちらとこちら、どちらが論理的に説得的か」と問うて勝敗を決するのではなく、「あちらもこちらも、どちらも納得できる第三のアイデアを考え合う」こと。そんな〝共通了解〟を力強く見出し合うことにこそ、この哲学対話の意義はあるのだ。

本質観取

哲学対話の三つめの方法は、「本質観取(かんしゅ)」とか「本質洞察」とか呼ばれているものだ。そして僕の考えでは、この「本質観取」こそ、哲学的思考の〝奥義〟の中の〝奥義〟というべきものだ。

第3講でいったように、科学は、観察や実験を通して〝事実〟のメカニズムを明らかにする。それに対して、哲学は独自の方法で物事の〝本質〟を洞察する。

その独自の方法こそ「本質観取」だ。その意味で、「哲学する」とは「本質観取する」こととほとんど同義だといっていい。

「本質観取」というのは、以前にも紹介した、二〇世紀ドイツの哲学者フッサールが創始した現象学の用語だ。でも、現象学が登場するよりずっと前から、歴史上の哲学者たちの哲学には必ずすぐれた本質観取があった。

プラトンによる「恋」の本質観取、ルソーによる「不幸」と「幸福」の本質観取、ヘーゲルによる「自由」の本質観取、フッサールによる「知覚」の本質観取、ハイデガーによる「人間」の本質観取、バタイユによる「エロティシズム」の本質観取……。どれも目を見はるほどの本質観取だ。


といっても、本質観取はだれかによってその方法が十分体系化されているものじゃない。フッサールも、著書『経験と判断』でその方法についてちょっとは書いているけど、あんまりちゃんとしたものにはなっていない。

上にあげた哲学者たちは、いわば名人芸のように本質観取を行ってきたのだ。その意味で、すぐれた本質観取は、哲学的天才にしかできないものといえなくもない。

でも、その名人芸のコツを、僕たちはいくらか言葉にすることができる。そして僕の考えでは、そのコツをつかんだ上で何人かで対話をすれば、哲学的天才たちに勝るとも劣らない、見事な本質観取をやり遂げることもできるのだ。

本質観取のテーマは、たとえば幸福、友情、不安、希望、教育、芸術、美、恋、愛といった、さまざまな意味や価値にまつわる概念だ。椅子やテレビといった〝物〟についての本質観取は、できないこともないだろうけど、やってもあまり意味はないだろう。

概念の〝本質〟が明らかになれば、それをめぐるさまざまな問題もまた力強く解き明かしていくことができる。たとえば「幸福」の本質が分かれば、僕たちはどうすれば幸福になれるのかが分かる。「よい教育」の本質が分かれば、じゃあどうすればそんな教育を実践していけるかもまた、力強く考えていけるようになる。

「本質観取」こそ、哲学的思考の文字通り〝本質〟なのだ。

安心と承認の空間づくり

と、そんなわけで、次講では本質観取の方法やコツを具体例を通してお話ししていくことにしたいのだけど、その前に、右に述べてきたような哲学対話をするにあたっての、ちょっとした注意点を書いておくことにしたいと思う。

繰り返しいってきたように、哲学対話の最大の意義は〝共通了解〟を見出し合うことにある。だから対話者は、まずはお互いの存在と意見を尊重し合う姿勢を共有している必要があるる。「あいつをいい負かしてやるぞ」とか、「カッコイイことをいってみんなの度肝を抜いてやるぞ」とか、そんなことばかりみんなが思っていたら、建設的な対話なんてできないだろう。

そんな対話を実現するためにおすすめしたいのが、「サークル対話」と呼ばれる対話形式だ。椅子をサークルに並べて、お互いの顔がよく見えるようにする。相手の表情がちゃんと見える安心感と、対等な対話者同士であるという感覚が、相互尊重の対話コミュニティをいくらか作り出してくれるのだ。

p4c（Philosophy for Children／子どものための哲学）と呼ばれる哲学対話の方法がある。アメリカで開発されて、今では日本の学校でも徐々に広がりを見せている哲学対話だ。

この実践も、基本のスタイルはサークル対話だ。

まず、参加者はカラフルな毛糸を順に編んでふわふわのボール――コミュニティボールと呼ばれる――をいっしょに作る。その過程で、「好きなものは何？」とか、「趣味は？」とかいった軽い質問を投げかけ合う。みんなで円になってボールを作るという協働（きょうどう）の感覚と、柔らかなボールがかもし出してくれる安心感の中で、まずはお互いを知り信頼し合う環境を作るわけだ。

対話がはじまると、ボールを持っている人だけが発言する。発言が終わると、その人は次に話を聞きたい人にボールを渡す。あるいは、次に発言したい人にボールを投げたりする。もっとも、ボールを手にしたからといって絶対に発言しなければならないわけじゃない。考えがまとまらなければ、パスしたってかまわない。

参加者には、発言者の話をちゃんと「聞く」姿勢でいることが求められる。〝聞き合う〟ことに支えられた対話。それが哲学対話のポイントなのだ。


対話の人数は、テーマやスタイルによってもちろん変わる。

何年か前、ハーバード大学教授、マイケル・サンデルの「ハーバード白熱教室」という授業がNHKで放映されて話題になったことがあったけど、あの時の対話（議論）には千人の学生が参加していた。サンデル教授の見事なファシリテート（進行）力のたまものだけど、ディベート形式の議論であればそれくらいの人数でもできないことはない。

もっとも、僕はサンデルの「ハーバード白熱教室」には当初からとても批判的で、というのも、そこでの議論がことごとく「問い方のマジック」に陥ったものだったから。多くの人の興味を哲学にひきつけてくれたという意味では大変な功労者だけど、あんまりいい哲学的議論じゃなかったなと思う。どうせやるなら、「共通了解志向型対話」（超ディベート）をやるべきだったのに。

と、それはともかく、僕の経験では、本当に実りある哲学対話は、多くても三〇人くらいかなと思う。それ以上になると、みんなで対話するというよりショーのようになってしまう。次講でくわしくお話しする本質観取の場合、六人から一二人くらいまでがちょうどいいのではないかと思う。

いずれにせよ、哲学対話には、安心と承認に支えられた空間が欠かせない。そのことをまず理解してもらった上で、次講では本質観取の方法について論じていくことにしたいと思う。

第16講　本質観取をやってみよう〜「恋」とは何か?〜

本質観取(かんしゅ)で取り上げる概念は、いくつかの種類に分けられる。恋や嫉妬、不安やなつかしさといった〝感情〟に関するもの、芸術や教育、政治のような〝ことがら〟に関するもの、そして、道徳、正義、美、自由といった〝価値〟に関するものなどだ。

〝感情〟に比べて、〝ことがら〟や〝価値〟の本質観取は少し難易度が高くなる。というのも、感情が直接イメージしやすいものであるのに対して、〝ことがら〟は多様性があまりに広く、〝価値〟は抽象性があまりに高いものであるからだ。

たとえば、「教育」のような〝ことがら〟は、家庭教育、学校教育、高等教育、社会教育、など、考えるべき対象が広すぎる。だから、これらに共通の本質を見出すのはけっこうむずかしい。

「正義」のような〝価値〟も、その中身は時代や文化によってかなり変わるし、そもそも非常に抽象的な言葉だから、イメージするのがむずかしい。

でも、以下でお伝えする手順やコツをつかんでしまえば、時間さえかければ、こうしたむずかしい概念でも本質観取をすることは可能なはずだ。

以下では、まずは比較的簡単な〝感情〟に関する本質観取を例にして、その具体的な手順や方法をお伝えすることにしよう。

取り上げるテーマは「恋」。比較的簡単とはいっても、あとで見るように、恋は〝感情〟の中では本質観取がもっともむずかしい概念の一つだ。その理由も含めて、以下では、僕が大学生たちと実際にやった恋の本質観取を披露していくことにしたいと思う。

五つの注意点

と、でもその前に、本質観取の注意点を五つほど述べておきたい。

まず理解しておくべきなのは、**本質観取は辞書的な〝定義〟づけをするのとはまったくちがうということ**だ。

たとえば「恋」を辞書で引いてみると、「特定の異性に惹(ひ)かれること」とか、「切なく思いを寄せること」とある。

これを読んでも、僕たちは「ま、それはそうだよね」くらいにしか思わないだろう。辞書的な定義は、ある概念を別の仕方でいい換えて説明しているだけであって、その本質を深くえぐり出すのとはちがうのだ。
　それに対して**本質観取は、言葉（概念）の本質的な〝意味〟をつかみ取るものだ。**恋は僕たちにとっていったいどんな意味を持ったことがらなのか。**その〝意味〟の本質を、言葉を縦横に編み上げて表現する**のだ。

　次に、本質観取というと、よく「本質なんてないんじゃないか」といわれるのだけど、繰り返しいってきたように、本質とは絶対の真理のことじゃない。そして、僕たちがふだん言葉を使ってコミュニケーションをしている以上、その言葉（概念）の意味の〝本質〟を、僕たちはいつも必ず直観しているはずなのだ。

　たとえば「僕は彼女に恋をした」といった時、それを聞いた人は、僕がいわんとしていることをきっとある程度は理解するはずだ。少なくとも、「ああ、この人は彼女に挨拶をしたんだな」とは思わないだろう。理由は簡単で、僕も相手も、「恋」という言葉の意味を共有しているからだ。

　コミュニケーションにズレはもちろんつきものだ。でも、僕たちが言葉を使ってコミュニケーションをし、そしてそこに一定の共通了解関係がなり立っているという〝確信〟を抱けているとするならば、それはその言葉の共通の意味の本質を、僕たちが共に直観しているからなのだ。

本質観取は、このふだんはほとんど無意識に感じ取っている本質を、自覚的な言葉にして表現するものなのだ。

三点目は、以上のようなわけだから、**その概念についての経験がほとんどなければ、僕たちはその本質観取をすることもちょっとむずかしい**ということだ。恋の経験がなければ、恋の本質観取は、（読書や伝聞などを元にできなくはないけれど、）やっぱり少しむずかしい。

だから、以下で展開する恋の本質観取が、あまりピンと来ないという人も多いと思う。「恋をする」、あるいは「恋愛関係になる」のは実はけっこうむずかしいことで、付き合っている人に抱いている感情が、実は恋ではないということもしばしばある。何となく気が合うから、大切にしてくれるから、淋しさを埋めるため……。恋以外にも、僕たちは色んな理由でだれかと時を過ごす。

〝感情〟の本質観取は比較的簡単だけど、恋の本質観取はちょっとむずかしい、と先にいったのは、そういうわけだ。特に大人になるにつれ、僕たちはいわば〝純粋な〟恋を味わいにくなる傾向がある。だから、以下に紹介する恋の本質観取を読んで、「恋ってそんなに大げさなものなのかな〜?」と思う人もいるかもしれない。

そんな時は、もしみなさんに経験があったなら、ぜひ「初恋」や思春期の頃の恋のことを思い出していただきたい。そうすれば、以下の本質観取についても、きっと納得していただけるんじゃないかと思う。そして、なぜ年を重ねるにつれて〝純粋な〟恋を味わいにくくなってしまうのかも、理解できるようになるにちがいない。


四点目は、そのことと関連して、恋のようなテーマは、人によって経験値がちがうしそもそもデリケートなテーマだから、**実際にやる時には十分な配慮と注意をする必要がある**ということだ。

恋の話は、臆面もなくしゃべれる人もいれば、恥ずかしくてしゃべれないという人もいる。だれと話をするかによってもちがってくる。だから本質観取をするにあたっては、テーマやメンバーに配慮することがとても大事だ。先に述べたように、哲学対話においては安心と承認の場が不可欠だ。だれかに不快な思いを抱かせるのはＮＧなのだ。

最後に、本質観取はもちろん自分一人でもできないことはないのだけど、前にもいったように、**六人から一二人くらいでやると、より普遍的な本質にたどり着きやすくなる。**一人だと、どうしても「一般化のワナ」に陥ってしまいやすくなるからだ。「恋はかくあるべし！」みたいに、本質観取のテーマについての思い入れが強すぎる場合、僕たちは特にそんな危険をおかしてしまう傾向がある。

それに対して、何人かでやってみると、「なぁるほど、それはたしかにいえてる」とか、「それはちょっと本質からそれてるんじゃないか」とかいい合うことができるから、より普遍的に、より力強く、言葉を編み上げていくことができるようになるのだ。

とにもかくにも、百聞は一見にしかず。まずは恋の本質観取をやってみることにしよう。

本質観取の手順

哲学者の西研は、本質観取のワークショップを重ねた経験をもとに、次のような本質観取の手順を提案している（「本質観取とエピソード記述」『本質学研究』第2号）。この手順と、さらに僕なりに考案した本質観取のコツを紹介しながら、以下では恋の本質をえぐり出していくことにしよう。

西があげている本質観取の手順はこんな感じだ。本書の文脈に沿って少し言葉を補いつつ、紹介したい。

①体験(わたしの〝確信〟)に即して考える

何度もいっているように、本質観取は絶対的な真理を見出すものじゃない。あくまでも、お互いの〝確信〟を投げかけ合うことで、〝共通了解〟にたどり着くことをめざすものだ。本質観取をやるにあたって、参加者はまずそのことをしっかり理解し共有する必要がある。

②問題意識を出し合う

次に、本質観取をする概念について、気になっていることや疑問点などを出し合ってみる。「恋と愛って何がちがうんだろう?」「なぜ自分は人に恋をすることがあまりないんだろう?」「今感じているのは恋? 性欲? ただの愛着? それとも依存?」みたいな感じだ。

前にもいったように、物事の本質が明らかになれば、それをめぐるさまざまな問題もまた力強く解き明かしていくことができるようになる。だから、こうやってお互いに問題意識を出し合うことで、何のためにその概念の本質を明らかにしたいのかを、ある程度はっきりさせておくことが重要なのだ。

③事例を出し合う

つづいて、それぞれの恋の体験を言葉にしてみる。「独占欲」「天使」「切なさ」「嫉妬深くなる」「失恋した時は世界が壊れたようだった」「恋はいつかは終わる」みたいな感じだ。

一通り事例を出し合ったら、その中身をより深く考え合ってみる。「なぜ独占したいと思うのか？」「なぜ相手が天使に見えるのか？」「なぜ嫉妬深くなるのか？」「なぜ恋はいつかは終わるのか？」といった具合だ。

④事例を分類し名前をつける（キーワードを見つける）

事例を出し合ってみると、いくつかの本質的なキーワードが浮かび上がってくることがある。たとえば、「天使」や「切なさ」といった事例からは、「あこがれ」という恋の本質的なキーワードを見つけられるかもしれない。「なぜ恋は終わるのか？」という事例からは、恋の「幻想性」というキーワードが見つかるかもしれない。

⑤すべての事例の共通性を考える

つづいて、すべての事例の共通本質を言葉にしてみる。かつて僕が学生たちと恋の本質観取をやった時に出てきた言葉は、「自己ロマンの投影とそれへの陶酔」というものだった。これが恋の本質観取の核心部分をなす言葉になるわけだけど、これについてはまたあとでじっくり説明することにしたいと思う。

⑥最初の問題意識や疑問点に答える

恋の本質が分かれば、②であげた問題にもある程度答えることができるようになる。「恋と愛って何がちがうんだろう?」「なぜ自分は人に恋をすることがあまりないんだろう?」「これは恋? 性欲? ただの愛着? それとも依存?」こうした問題を、最後にしっかりと解き明かしてみよう。本質を洞察することの意義を、きっと深く実感することができるはずだ。

四つの観点

右の手順を踏まえながら、以下では恋の本質観取を紹介したいと思うのだけど、その前に、僕が本質観取の際に意識しているコツをお伝えしておきたい。

④と⑤のあたりで、「**本質定義**」「**類似概念とのちがい**」「**本質特徴**」「**発生的本質**」といった観点を持って議論してみるといい。そうすれば、本質観取の深みがきっとぐっと増すはずだ。

「**本質定義**」とは、とりあえず恋の本質を短くいい表したもの。

「**類似概念とのちがい**」は、たとえば「愛」や「エロティシズム」や「友情」といった似た概念とのちがいをいい表したもの。

「**本質特徴**」は、ちょっとむずかしい哲学用語で「本質契機」とも呼ばれるもので、要するに、その特徴がなければ恋とは呼べない、といういくつかの特徴をいい表したもの。

「**発生的本質**」は、なぜ僕たちは恋をするのか、その理由を僕たちの〝成長〟の観点からいい表したもの。なぜ、そしてどのように恋心は〝発生〟するのか、僕たちの幼少期にまでさかのぼってそのメカニズムを考えてみるわけだ。

これら四つの観点から本質観取を進めていくと、奥が深くて厚みのある、かなりいい本質観取ができるようになる。ハイデガーやバタイユといった、本質観取の名手たちから僕が盗み取ったコツだ。

本質観取は、基本的には他者との対話——時には自己内対話——を通して練り上げていくものだけど、最終的には文章として〝叙述〟するものだ。いわば本質観取の〝作品〟を書き上げるわけだ。

その意味で、哲学者にとっては、この〝叙述〟の仕方もまた腕の見せどころになる。以下で僕は、かつて学生たちと行った「恋」の本質観取の成果を叙述するけど、それが十分に説得的なものになっているかどうか、ぜひ厳しく吟味していただければと思う。

本質定義——自己ロマンの投影とそれへの陶酔

まずは恋の「本質定義」からやってみよう。

さっきもいったように、学生たちと最終的に納得し合ったのは、「自己ロマンの投影とそれへの陶酔」という定義だった。

「自己ロマン」というのは、要するに自分の理想やあこがれのこと。あえて〝ロマン〟という言葉を使ったのにはいくつか理由があるのだけど、ここでは単純に、〝ロマンチック〟な、いわば〝あちら側〟に仰ぎ見ている理想やあこがれというニュアンスを込めたかったからと受け取っておいてもらいたい。

「ん？　どういうこと？」と思われた方もいるかもしれない。実際、学生たちの中にも、はじめのうちはこの定義にピンと来ないという人は多かった。

　でも対話を重ねていくうちに、最終的にはみんなこの定義に納得するようになった。


　人それぞれ強弱はあったとしても、僕たちはほとんどだれもが、半ば無意識に何らかのロマンチックな理想やあこがれを抱きながら生きている。特に思春期において、その傾向は顕著だ。

　いやそんなものはない、という人も、もしかしたらいるかもしれない。でも、スクリーンの向こうの映画俳優や、町で見かけた美しい女性なんかに、思わず心動かされたという経験くらい、だれにだってきっとあるはずだ。

　胸の内にわずかでもロマンチックなあこがれがなければ、そんなふうに心が動かされることはないだろう。あるいは、そんなちょっとした心の揺れの経験を積み重ねながら、僕たちは自分のうちにロマンをためていくのだ。

恋に落ちるということ、それは、そのように無意識のうちにため込まれてきた自分のロマンが、現実の世界に具体的な姿をもって現れ出たのを発見することなのだ。

「求めていたのは、この人だったんだ」

恋に落ちた時、僕たちは多かれ少なかれそう思う。「そう、僕はこの人をこそ求めていたんだ！」

でも、それっていったいどこで求めていた人なんだろう？

それこそまさに、僕たち自身のロマン（理想、あこがれ）においてだ。こんな人との出会いを、僕たちは無意識のうちに夢見ていたのだ。

ただし、この時僕たちが見ているのは相手の本当の姿なんかじゃない。

対話の中で、そう鋭く指摘した学生がいた。

どういうことか？

恋をした時、僕たちは相手に、自分のロマンをただ投影し、そしてそれに陶酔しているだけだ（そもそも哲学的にいって「本当の姿」などあり得ないのだけど、それについては今はちょっと置いておこう）。恋に恋するとはよくいう話だけど、恋をしている時、僕たちはたしかに、自分のロマンを相手に投影し、そしてそのロマンで彩った相手に耽溺(たんでき)しているだけなのだ。

一九世紀のフランスの文豪、スタンダールは、『恋愛論』という本の中でこれを「結晶作用」と呼んでいる。

ザルツブルクの塩坑では、冬、葉を落とした木の枝を廃坑の奥深く投げこむ。二、三カ月して取りだして見ると、それは輝かしい結晶でおおわれている。

私が結晶作用と呼ぶのは、我々の出会うあらゆることを機縁に、愛する対象が新しい美点を持っていることを発見する精神の作用である。

実際、僕たちは恋に落ちた時、相手が実物以上にステキに見えてしまうものだ。塩坑に投げ入れられた小枝に、塩の結晶がびっしりと貼りつくように、僕たちは自分のロマンで相手を彩り、実物以上に美しい存在に仕立て上げるのだ。

もちろん、ロマンの投影とそれへの陶酔の強度は、人によって異なるものだ。自己陶酔型のロマンチストは、しばしば激しい恋をするだろう。それに対して、冷静な現実主義の人が、激しい恋に身をやつすなんてことはあまり多くはないかもしれない。

恋の強度は、時と場合によってももちろんちがう。強烈な一目惚れをすることもあれば、じわりじわりと、「ああ、自分はこの人が好きだったんだな〜」と気づくこともある。

でも、もしもそれを恋というのなら、その本質は必ず「自己ロマンの投影とそれへの陶酔」にある。強弱はあったとしても、この点を欠いていたなら、僕たちはそれを恋とは呼ばないはずなのだ。

類似概念とのちがい——友情、愛、エロティシズム

このことは、「類似概念とのちがい」を考えることでいっそう明らかになるだろう。学生たちとさらに本質観取を進めて、恋と友情、愛、エロティシズムのちがいについて考えてみた。

まず友情について。

ここに「自己ロマンの投影とそれへの陶酔」はあるだろうか？

いやいや、どれだけ好きな友だちでも、僕たちがその人をロマンの体現者と思って陶酔す

ることはないだろう。思ったとしたら、それはもはややっぱり恋だ。

むしろ、お互いの「ありのままの姿」——ふたたび、そんなものが哲学的にはあり得ないことはひとまず置いておいたとして——を認め合い、大切にし合っている関係こそが友情と呼ぶべきものだろう。


愛とのちがいはどうだろう?

愛もまた、「自己ロマンの投影とそれへの陶酔」とは別次元のものだ。

自己のロマンを投影し、それに勝手に陶酔する恋は、ある意味ではひどくエゴイスティックなものだ。それに対して、愛は友情と同じように、相手の「ありのままの姿」をどこまでも尊重しようとする。

愛の本質は、個人的にはとことん深めてみたいテーマだ。でもひとまずここでは、恋と愛とは、重なる部分もあるにはあるけど、やっぱり別の本質を持ったものだということを指摘するにとどめておきたい。


恋とエロティシズムとのちがいも考えてみよう。

このテーマについては、二〇世紀フランスの思想家、ジョルジュ・バタイユ（1897—1962）がすぐれた本質観取を行っている（『エロティシズム』）。

バタイユの洞察をひと言でいうなら、その本質は「禁止とその侵犯」となる。禁止されたものを汚(けが)すこと、あるいは汚させること、バタイユは、そこにこそ人間的エロティシズムの本質を見る。

なるほど、うまいいい方だと思う。

多くの動物は、発情期がやってくれば自然に興奮して交尾する。たとえばメスのチンパンジーは、排卵期になるとお尻が赤くなって、多くのオスを惹きつける。

でも人間はちがう。

人間は、必ずしも生物学的な理由だけで発情するわけじゃない。むしろそれは、はるかにもっと〝文化的〟なものだ。文化的・社会的な禁止。それこそが、人間的エロティシズムを発動させる最も本質的なものなのだ。

卑近な例でいえば、まず服がそうだ。これが僕たちに、異性との（場合によっては同性との）直接的な接触を〝禁止〟する。

でもこの〝禁止〟は、禁止されているからこそ、これを侵犯したい、踏み破りたいという欲望を僕たちの中にかき立てる。あの人の服を脱がせたい、脱がさせたいという欲望を、僕たちに抱かせるのだ。

その意味で、恋とエロティシズムとはやっぱり本質的に異なった意味を持つ概念だ。恋が相手を〝仰ぎ見る〟欲望であるのに対して、エロティシズムは、バタイユにいわせれば相手を汚す／汚させる欲望なのだ。

ところが、この相反する方向に運動する恋とエロティシズムとが、時に激しく融合することがある。

――対話の時にそう鋭く指摘したのは、ちょうどその時情熱的な恋を味わっていた男子学生だった。

激しい恋に落ちた時、僕たちはたしかに相手にエロスを感じる。でもその時、僕たちはどういうわけか、相手を汚す／汚させる対象としては見ていない。恋の相手は、単純なエロティシズムの対象じゃなくなっているのだ。彼はそういった。

たしかに、とうなずいたのは、特に男子学生たちだった。

恋においては、エロティックな欲望はハンマーで打ちつけられたようにその反対方向へとひっくり返されるのだ。

それはいったい、どういうことなのだろう?

恋の相手を仰ぎ見る時、僕たちは、ただ純粋に、僕たちのロマンそのものである彼/彼女と「一つになりたい」と願う。エロティシズムは、おそらくその時、その本来の欲望を去勢され、この〝一体化〟への欲望に加担することになる。そして恋は、肉体的なエロティシズムを通して、〝あちら側〟のロマンとの現実的な一体化を果たすのだ。

本来〝あちら側〟にあるべきはずのロマンが、この現実世界において〝わたしのもの〟になる。ここに、恋とエロティシズムとの融合がある。

人間にとって、これは一つの至福の極致というべき体験だろう。もちろんそれは、だからこそめったに味わうことのできない、一つの奇跡と呼ぶべき体験なのだけど。

エロティシズムについては、その本質の受け止め方にいくらか性差があるようだ。この点、また改めて本質観取したいテーマではあるけれど、今回のテーマは「恋」なので、エロティシズムについてはこれくらいにしておこう。

何にせよ、「禁止とその侵犯」というエロティシズムの本質については、どんな性的志向の人にとっても、かなり共通したものといえるんじゃないかと思う。この点、バタイユの洞察はやはり見事だ。

以上のように、恋をその類似概念と比較しながら考えることで、僕たちは恋の本質を改めてたしかめることができるようになる。

もう一度いうと、愛や友情が、相手のありのままを尊重しようとするのに対して、恋が見ているのは自分のロマンに彩られた相手の姿だ。そして、エロティシズムが基本的には禁止を侵犯して相手を汚す／汚させる欲望であるのに対して、恋は相手を仰ぎ見る上昇的な感情なのだ。

本質特徴（1）——幻想性

つづいて恋の「本質特徴」（本質契機）を明らかにしよう。

学生たちとの対話の中で、真っ先に出てきたキーワードは「幻想性」だった。そしてこのキーワードのおかげで、「自己ロマンの投影とそれへの陶酔」という恋の「本質定義」は、いっそうの説得力を持つことになった。

恋に「幻想性」という本質特徴があるのは、そもそも恋が「自己ロマンの投影」であるからなのだ。

恋がいつかは冷めてしまうのは、そのためだ。僕たちが相手に貼りつけていたロマンは、いつかは必ずポロポロとはがれ落ちていく。「いや、それは一瞬にしてベリっとはがれ落ちることもある」と力説した学生もいた。たしかにその通りかもしれない。

そんな時、僕たちは思わず「思っていた人とちがった」なんていってしまうことがある。でもそれは当たり前のことだ。だってそもそも、僕たちが見ていたのは相手の本当の姿じゃなかったのだから。

恋の幻想性の話をつづけているうちに、次のようなテーマが話題に上った。

恋が幻想であるということは、逆にいえばこの幻想がかき立てられた時、僕たちはいともたやすく恋に落ちてしまうということだ、と。自己陶酔型のロマンチストが恋に落ちやすいのは、この幻想をいつもどこかに探し求めているからだ。

でも、ロマンチストでなくても、僕たちをあっという間に恋に落としてしまう最大の媚薬（びやく）がある。

〝可能性〟。それがこの媚薬の名前だ。〝可能性〟こそが、僕たちの恋の幻想を強くかき立てるのだ。

これについては、スタンダールも次のようにいっている。

恋が生れるには、ほんの少しの希望さえあればよい。(『恋愛論』)

たとえば、テレビの向こうのアイドルなんかに、僕たちが本気で恋をすることはあまりない。それはたいてい、ただの〝遠いあこがれ〟に終わるものだ。

でも、その人とちょっと話ができたとか、握手をしたとか、そんな小さなことでも、二人の間に何らかのつながりができた時、それはあっという間に恋に変わることがある。

もちろんそれは、〝希望〟とか〝可能性〟とかいうにはあまりにはかない、あまりに他愛のないものだ。でも、どれだけ小さな希望であっても、僕たちはその媚薬に酔って、いとも簡単に恋に落ちてしまうことがあるのだ。

なぜなら恋は、本来〝あちら側〟にあるはずの自分のロマンを、この現実世界に見つけてしまった喜びであるからだ。

〝あちら〟と〝こちら〟の一致の可能性。この可能性こそが、僕たちを恋という幻想の淵へと突き落とすのだ。

本質特徴（2）——切なさと〝この世ならぬ〟喜び、そして苦しみ

恋はたしかに幻想だ。でもそれは、〝現世的〟な喜びをはるかに超えた、〝この世ならぬ〟喜びを僕たちに与えてくれもする。

おいしいものを食べられた、好きな洋服を手に入れた、テストでいい点を取れた……。現世的な喜びは、あくまでもこうした現実的な欲望が叶う喜びだ。

それに対して、恋の喜びはそんな現世的な喜びとは次元のちがったものだ。恋、それは、本来この世にはあり得なかったはずのロマンが、何をまちがってか、この現実世界に現れてしまったことを見つけた喜びなのだ。

もちろん、この喜びの強度は場合によってさまざまだ。でもいずれにせよ、もしもそれを恋と呼ぶことができるのならば、そこには必ず、〝現世的〟な喜びを超脱した〝この世ならぬ〟喜びの感情があるはずなのだ。

ただし、この喜びには〝切なさ〟と呼ばれる激しい胸の痛みもつきまとう。これもまた、学生たちとの恋の本質観取において真っ先に出てきたキーワードの一つだった。

なぜ恋をすると切なくなるのか？

それはまさに、恋の相手が本来〝あちら側〟の人であるからだ。〝この世ならぬ〟喜びに身を浸しながらも、僕たちは、あの人が本当はどこまでも遠い、本来手の届かないものであるかもしれないことを思って胸を痛めるのだ。

だからこそ、失恋の苦しみもまた、当然〝現世的〟な苦しみとは次元のちがったものになる。

失恋、それは、僕たちのロマンを現実世界もろともに打ち砕く経験だ。

ただロマンが崩壊するだけじゃない。失恋は、その衝撃が大きければ大きいほど、僕たちがこの現実世界で生きていく意味をも奪い去ってしまうのだ。

こんなに苦しい思いをするくらいなら、いっそ出会わなければよかったのに……。大きな失恋をした時、僕たちはしばしばそう思う。

何度もいってきたように、僕たちはつねに「意味の世界」をこそ生きている。恋に落ちた時、その「意味の世界」の中心にいるのは、いつでも僕の恋する人だ。彼女／彼を〝結び目〟にして、世界はその意味を織りなしているのだ。

だからその〝結び目〟が消え去った時、この世界には意味がなくなる。ガラス板の真ん中をハンマーで打ちつけた時のように、僕たちの世界は粉々に砕け散るのだ。

哲学者の竹田青嗣（たけだせいじ）は次のようにいっている。

失恋が激しいときには、「自我」が壊れるだけでなくて、「世界」も壊れるということが起こります。失恋の度合いがひどいほど、世界もひどく壊れます。というか、むしろわれわれは、自分の世界の壊れ方で、自分の失恋がどの程度深いものだったかをはじめて知るんです。（『中学生からの哲学「超」入門』）

相手への思いが深ければ深いほど、その喪失は、僕たちに〝この世ならぬ〟苦しみをもたらすのだ。

本質特徴（3）――ロマン的生の絶対的肯定

この人に出会うために、この人と幸せになるために自分は生まれてきたのだ。激しい恋に落ちた時、僕たちはそんなふうに思う。だから僕たちは、そんな生を絶対的に肯定せずにはいられなくなる。

そこで恋の三つ目の本質特徴として、「ロマン的生の絶対的肯定」というキーワードをあげることにしたいと思う。

ここで「ロマン的生」という言葉を使ったのは、ここで肯定されるのが必ずしも〝現世〟の生であるわけではないからだ。

この恋のために、僕たちは〝現世〟を捨てて死を選ぶことだってある。いい悪いは別にして、その象徴的な例が「心中」だ。心中の道を選んだ二人は、現世を否定し、自分たちのロマン的生をこそ肯定することを決意したのだ。

学生たちとの対話の中で、「ロマン的生の絶対的肯定」という言葉を作ったのは僕だった。ちょっと大げさすぎるかなとは思ったのだけど、この言葉の背景には僕のある経験があって、その話をすると、学生たちも、これを恋の本質特徴とすることを納得してくれた。

といっても、これは僕自身の経験ではなく、僕の先輩、田中さんのエピソードだ。以下に少し、そのエピソードについてお話しさせてもらいたい。

田中さんは、本業はプログラマーなのだけど、バイオレンス小説を書いたり、バイオレンス系のB級映画を自主制作したりしていて、見た目からしてかなりアブナイ人だ。当然のように、友だちなんてほとんどいない。

髪は腰まで伸びていて、人前ではサングラスを外さない。繁華街をうろつくと、たいてい警察から職務質問をされる。かつてはいつも人に悪態をつき、気に入らないことがあれば殴り倒した。僕の友人も殴られたし、彼の数少ない友だちであるはずの僕もまた、新宿の街なかで、「俺を待たせるんじゃねぇ」と、乗っていた自転車をボコボコに蹴り倒されたこともあった。

でも、僕はそんな田中さんが大好きで、というのも、彼は自分の満たされなさを、変に言い訳したりすることなく、バカ正直なほど真っ直ぐに表現する人だから。そしてそこに、本当は人から愛されたいんだ、理解されたいんだという願いを、切なく感じさせる人だから。

でもその願いはなかなか叶（かな）わず、だからその憤りを、彼は暴力や暴力作品という形でしか表現することができなかったのだ。

――そんな田中さんが、三〇歳の誕生日を迎えたある日のことだった。

その日僕は、友人の歌手が歌っているバーに彼を連れて行った。

乾杯してしばらくすると、マスターが突然、サプライズのケーキを運んできてくれた。友人の歌手の「ハッピーバースデー」に合わせて、店にいた客たちもみんなで歌い、バーは拍手に包まれた。

田中さんはしばらく、何が起こったのかよく分からないような表情を浮かべていた。

店の人に促されてロウソクの火を吹き消すと、彼はケーキを食べることもなく、「おう、トイレ行ってくらぁ」と立ち上がった。

しばらく経っても、田中さんは戻ってこなかった。

「泣いてるんじゃないの?」

歌手の友人が冗談ぽくいった。

二〇分ほど経って、田中さんはようやく戻ってきた。

と、その彼の目元には、確かに涙の筋がうっすらと……。

「おう、トイレで映画のストーリー思いついちったぜ」

椅子に座ると、はにかみを隠すように田中さんはいった。

それはこんなストーリーだった。

ある夜、生まれて初めて友人から誕生日を祝われた男が、プラットフォームで電車が来るのを待っている。

しばらくすると、駅に向かって電車が静かにやって来た。

突然、男は叫ぶ。

「アイムハッピー！」

そうして彼は、やって来た電車に身を投げた。

――シーンが変わって、死体を回収する清掃員。

線路脇に転がっていた男の頭を見つけて、ひと言つぶやく。

「なんだ、こいつ笑ってやがる」

エンドロール……。

――なんちゅう話や、と思いながらも、僕は、この人天才かもしれん、ともひそかに思った。

さて、このどこまでも哀しく暴力的な先輩が、ある時僕にこういったことがあった。

「俺はもう、今後二度と不幸になることはない」

いつも人に悪態をつき、世界への憎悪を口にしていた彼の、突然の言葉に僕はひどく驚いた。

彼は恋に落ちたのだ。

そしてそれは、その後見事に成就した。

「俺は今、生を絶対的に肯定している」

それまで、世界を憎み、暴力でしか人とコミュニケーションできなかった田中さんは、その時僕にそういった。

残念ながら、その後田中さんはその女性と別れてしまったのだけど、でもその時も、彼は「自分が不幸になることは二度とない」と繰り返していた。たとえ幻想であったとしても、生を心から肯定できるんだということを、自分は知ってしまったのだから、と。

ニーチェもまた次のようにいっている。

人が激しい喜びを知ったなら、それ以外の人生がすべて苦しみでしかなかったとしても、僕たちはきっと「どうかこの人生をもう一度！」というにちがいない、と。

苦しみは言う、「終わってくれ」と。しかしすべての悦びは永遠を欲する。――深い深い永遠を欲する！（『ツァラトゥストラ』）

恋はたしかに幻想だ。でもそれは、僕たちにそれが永遠につづくことを願わせるほど、この生を絶対的に肯定させてくれる幻想なのだ。

発生的本質を考える

以上、恋の本質定義と、類似概念とのちがい、その三つの本質特徴を描き出してきた。

次に取りかかるのは、恋の「発生的本質観取」だ。僕たちはいったいなぜ恋をするのか、その理由を、僕たちの成長過程（発生）をたどりながら明らかにするのだ。

もっとも、この発生的本質は厳密にいえば〝仮説〟にすぎない。なぜ僕たちは恋をするのか？　その理由を絶対的に明らかにするのは不可能だからだ。

本質定義と本質特徴は、僕たち自身の恋の〝確信〟から取り出されたものだった。だからこれらは、だれもが自分の〝確信〟と照らし合わせることでたしかめることができる。「恋って本当に自己ロマンの投影なのかな?」「本当に〝この世ならぬ〟喜びなのかな?」とたしかめることができる。

それに対して、発生的本質観取は究極的には〝たしかめ不可能〟なものだ。僕たちが恋をするのは、もしかしたら遺伝子の命令なのかもしれないし、脳が分泌した化学物質のせいなのかもしれない。要するに、その理由を絶対的に決定してしまうのは不可能なのだ。

でも、その上でなお、僕たちは恋の発生的本質観取を深めていくことはできる。どこまでも僕たち自身の経験に沿って、恋の発生過程を振り返れば、その本質は十分言葉にすることができるはずなのだ。

何はともあれ、以下で実際にやってみることにしよう。

ほどよい挫折が生むロマン

恋は「自己ロマンの投影とそれへの陶酔」だ。とすれば、僕たちが〝発生的〟に考えるべきは、なぜ、そしてどのようにして、僕たちはそんなロマンなんてものをため込むのかという問いだ。

対話を通して見出された答え、それは、僕たちが子どもの頃から味わってきた、さまざまなタイプの〝挫折〟や〝満たされなさ〟とその〝反動〟にあるということだった。

たとえば、お母さんがある時からおっぱいをくれなくなったという〝満たされなさ〟、弟や妹が生まれて、自分が世界の中心ではなくなったという〝満たされなさ〟、かけっこに負けたりケンカに負けたり、受験に失敗したりという〝挫折〟。

このようなさまざまな満たされなさや挫折の経験は、僕たちに、その〝反動〟から今ここところはちがう世界を思い描かせる。いつまでも自分が世界の中心でいられたらいいのに！　かけっこに負けたり、ケンカに負けたり、受験に失敗したりする、そんな自分とはちがう自分になれたらいいのに！　そしていつかは理想の人が現れて、わたしの何もかもが好きだといってくれたら……。そんな理想の世界を、僕たちは満たされなさや挫折の反動から思い描くのだ。

ということは、僕たちは人生においてほどよく挫折し、その反動からほどよくロマンをためなければ、恋の土壌を十分には耕せないということだ。

この**ほどよく**というのが、ここではとりわけ重要だ。というのも、挫折をまったく味わったことがなければ、そもそもロマンは生まれにくいだろうし、あるいは逆に、あまりにひどい挫折経験を繰り返したなら、ロマンじゃなくてむしろルサンチマン（妬み・そねみ）がたまってしまうだろうからだ。

いうまでもないことだけど、別にだれもが恋をしなきゃいけないわけじゃない。挫折を味わったことがなく、そのためにロマンがほとんどたまっていない人は、恋には落ちにくいだろうけど、その分精神的には〝健康〟な人だとさえいえる。恋をしやすい人のほうこそ、自己陶酔型の、ちょっとめんどくさい人である場合も多いものだ。

ただ、あまりにひどい挫折からルサンチマンを抱えてしまった人は、一般的にいってかなり生きづらい人生を送ることになるだろう。恋においても、ルサンチマンを抱えた人は、「どうせあの人は自分をバカにするにちがいない」とか、「どうせ自分はムリに決まってる」とか勝手に思って、恋よりも不安や憎悪を抱きやすい傾向がある。

どうせ自分はコミュ障だ。どうせ自分はブサイクだ。どうせ自分は貧乏だ。それに比べて、あいつはお金もあってオシャレでイケメンで……ほんとムカつく。どうせ自分は……どうせ自分は、どうせ、どうせ……。こうしたルサンチマンの負のエネルギーは、恋の〝上昇的なあこがれ〟をひねり殺してしまうのだ。（もしこのようなルサンチマンにひどく苦しめられてい

る人があったなら、第11講「生きづらさを乗り越える」をもう一度読んでもらえたら嬉しく思う）

現代に生きる僕たちは、いつもいろんな競争にさらされていて、だからみんな、多かれ少なかれ、何らかのルサンチマンを抱えながら生きている。学力競争、受験競争、クラスの中での人気競争、就職競争、出世競争……。あらゆる競争に全部勝ち進んでいけるのは、ごく一部の人間たちだけだ。

だから僕たちは、たぶん、ロマンよりもルサンチマンをためやすい時代を生きている。あるいは、多くの、特に若い人たちは、ルサンチマンをできるだけ抱えないよう、前もって心を守っているようにも見える。たぶん、いくらか過剰にすぎるほど。

フラれるくらいなら、告白しない。仲間関係が悪くなって嫌な思いをするくらいなら、恋愛もしない。ぶつかって傷つけ合うくらいなら、友だちとも本音をいい合わない……。

それはそれで、一つの悪くはない知恵だ。過度にルサンチマンをため込んで、自分をひどく傷つけてしまうくらいなら、また、人を攻撃してしまうくらいなら、そんな経験には前もって背を向けてしまったほうがいいのかもしれない。「若者の恋愛ばなれ」なんていうのが長らくいわれているけど、それはもしかしたら、ルサンチマンが発動するのを前もって防ごうとする、若者たちの知恵でもあるのかもしれない。

さっきもいったように、だれもが恋をしなきゃいけないわけではないし、恋ができる人間がとり立てて立派だというわけでもない。

恋に落ちるには条件があるのだ。

ほどよく挫折し、ほどよくロマンがたまっていること。

この〝ほどよさ〟の条件を満たすことは、現代ではひどくむずかしいことなのかもしれない。

恋の養分

さて、以上見てきたような満たされなさや挫折とその反動としてのロマンは、恋のために時にさらなる〝養分〟を必要とする。

――学生たちと対話をつづけているうちに、話はさらに深く進展していった。

音楽、文学、小説、マンガなどの、豊かな人間的文化。おそらくこれこそが、恋をさらに育て上げる養分なのだ。

さまざまな挫折を通して、僕たちはあこがれの人のイメージ（ロマン）もまた無意識に作り上げていく。あんな人に出会えたら、こんな人といっしょになれたら……そんなことを、空想するようになる。

でもこのイメージは、自分一人だけで描き出すのはひどくむずかしいものだ。ロマンを思い描くのは想像力だ。そして想像力には、これを飛翔（ひしょう）させるための素材がいるのだ。

たとえば、幼い子どもたちは、まず最初はおとぎ話なんかをその材料にする。白雪姫やシンデレラに自分を投影したり、彼女たちを救い出す王子様を、理想の男性像にしてみたりする。

大人になるにしたがって、そのモデルはもっと高度に洗練されていく。映画やドラマやマンガの主人公。さらには、美しい音楽や美しい言葉、美しい建築など。さまざまな美しいものを通して、僕たちは美的な感受性を育み、そして自身のロマンを育て上げるのだ。

スタンダールも次のようにいっている。

> この世で音楽ほど人の心を恋愛に誘うものはない〈中略〉音楽を聞き、または聞きながら夢みるという習慣は、恋の下地をつくる。（『恋愛論』）

たしかに、音楽ほど恋の陶酔に最高の舞台を用意してくれるものはない。僕たちは、音楽を聴きながら自己陶酔の習慣を育み、そしてまた、恋に落ちた時、やはり音楽の力によって、ロマンの世界にますます耽溺（たんでき）するのだ。ロマンチックな音楽を聴きながら、恋する人への思いを胸一杯に味わったなんて経験は、きっとほとんどの人が持っていることだろう。

以上、恋の本質を「自己ロマンの投影とそれへの陶酔」として描き出し、その本質特徴を、「幻想性」「切なさと〝この世ならぬ〟喜び、そして苦しみ」「ロマン的生の絶対的肯定」として取り出してきた。

また発生的に見れば、恋を生み出す僕たちのロマンは、幼少期からのほどよい挫折とその反動から育て上げられるということができる。そしてそのロマンは、音楽、映画、小説、マンガなどの文化を養分に、いっそう豊かに耕されるのだ。

本質観取のイメージを、ある程度つかんでもらえただろうか。

本質観取は、どうしても実際にやってみないと分かりづらいところがある。だから興味を持ってくださった方には、ぜひ何人かで試してみていただきたいと思う。お互いに言葉を出し合っているうちに、「なぁるほど、それはたしかに本質的だ」という言葉が出てきて、徐々に本質が像をなしていくのを味わえるはずだ。

ある程度言葉が見つかったら、それを改めて〝叙述〟してみるといいだろう。見事な本質観取の叙述ができるようになったら、あなたはもう立派な哲学者だ。前にもいった通り、哲学の〝本質〟は本質観取にこそあるのだから。

【コラム⑥】 プラトン

プラトンの『パイドロス』と『饗宴（きょうえん）』は、恋（エロース）をテーマにした名作だ。どちらも、今なお哲学史上最高の恋愛論といっていい。

『饗宴』の中に、「アンドロギュノスの物語」という有名なエピソードがある。

アンドロギュノスというのは、両性具有のこと。つまり、男性器と女性器を、どちらもあわせ持つ人のことだ。

太古の人間は、多くがこのアンドロギュノスだった。
物語はそんなふうにはじまる。人びとは、かつて文字通り二人で一つだったのだ。
彼らは、背中合わせに結び合わされ、一つの球状の体を持ち、手足は四本ずつ、頭は二つあった。移動する時は、四本の足で歩くこともできたし、丸い体を使って転がることもできた。
彼らの性には、三つあった。すなわち、男男、男女、女女。

そんな太古の人類は、次第に神々に挑戦するほどに傲慢になった。そこで怒った神々は、相談の末、彼らを真っ二つ（ぷた）に切り裂くことにした。

こうして、今の人間の姿ができあがった。へそは、その時切られたあとを結んでできたものだ。

切り離された人間たちは、過去の失われた半身を求めてさまようことになった。男男だった者は同じ男を、男女だった者は異性を、そして、女女だった者は同じ女を——。これが恋（エロース）の起源である。

男女間だけでなく、同性愛の起源もまた同時に説明しているのが、この寓話（ぐうわ）の面白いところだ。第15講で紹介した映画『ヘドウィグ・アンド・アングリーインチ』も、実はこの物語をモチーフにしている。男でも女でもあるヘドウィグは、失われた半身を求めて、場末のバーで

「愛の起源」（The Origin of Love）という歌を歌いつづけるのだ。

さて、この物語、あまりにも有名なので、プラトンの説と勘違いしている人がけっこう多い。でも実は、この説を唱えたのはアリストファネスという人で、しかもプラトンはこの説を否定したのだ。

「恋とは失われた半身を求めることである」。そうアリストファネスはいう。でもプラトンにいわせれば、恋はそんなふうに自分の欠損を埋めようとするネガティブな感情なんかじゃない。プラトンはいう。恋に落ちた時、人は「翼を生じ、翔け上ろうと欲して羽ばたきする」（『パイドロス』）。恋、それは〝あちら側〟のロマンにぐーっと手を伸ばそうとする、上昇的なあこがれなのだ。

僕たちは、自分の欠けた部分を補ってくれるとか、あるいは単にいっしょにいて楽しいとか、それだけの相手に恋をすることはない。そうプラトンはいう。そのような感情は、愛着とか情とか呼ばれることはあっても、恋ではないのだ。

納得できるかどうか、みなさん自身の経験を振り返って吟味してほしい。

最終講　哲学的思考はシンプルであれ

本書では、哲学的思考の初歩の初歩から、最高奥義ともいうべき「本質観取」の方法まで、哲学的思考のキモを余すところなくお伝えしてきた。

そこで本最終講では、これからみなさんが哲学的思考を使いこなしていくにあたっての、最後のアドバイスをすることにしたいと思う。

キーワードはたったひと言。

「哲学的思考はシンプルであれ」

〝よい〟思考はシンプルだ

「まえがき」でもいったように、哲学というと、何やらむずかしいことをぐちゃぐちゃだらだら理屈を並べて考えているややこしいもの、というイメージが強い。

でも、ここまで読んできてくださったみなさんは、哲学的思考って、実はとてもシンプルで分かりやすいものだと気づいてくださったんじゃないかと思う。

〝よい〟考えはシンプルだ。そうじゃないと、だれも理解できないし使いこなせない。だから哲学は、ぐちゃぐちゃだらだら屁理屈を並べるものじゃなく、むしろさまざまなテーマについてのごちゃごちゃした議論を、とてもシンプルな仕方で解きほぐす思考の方法なのだ。「一般化のワナ」に陥らない、「問い方のマジック」にひっかからない、といった哲学的思考の初歩の初歩も、「事実から当為を導かない」「命令の思想ではなく条件解明の思考」といった哲学的思考も、問題をシンプルに解き明かすための考え方だ。

哲学的思考の奥義「欲望相関性の原理」だって、シンプルこの上ないものだ。僕たちは世界のいっさいを欲望に応じて認識している。この原理を使いこなすことができるようになれば、僕たちはさまざまな問題を解き明かすことができるのだ。

だから、もし議論が錯綜したり頭が混乱したりした時は、どこかで思考の道筋をまちがえてしまったんじゃないかと考えてみるといい。多くの場合、それは「問いの立て方」それ自体をまちがえてしまっている。「事実」から「当為」を導こうとしてしまっている場合もある。恣意的な思考実験に惑わされてしまっている時もある。

本書でお伝えしてきた哲学的思考を駆使すれば、なぜ議論が前に進まないのか、なぜ問題が解けないのかがきっと分かるようになるはずだ。そしてその問題を、力強く解き明かしていけるはずなのだ。

哲学の歴史には、何十年もの間、容易に解けない問題をめぐって錯綜した議論がつづくということがよくあった。

古くは、「神はいるのか？」「神がいるのになぜ悪があるのか？」といった問題があった。何十年どころか、何百年にもわたって繰り広げられてきた議論だ。

こうした難問をめぐって論争がつづくと、たいていの場合、議論はますます混乱の様相を呈していくことになる。ある理論が唱えられると、それに対する反論が出され、反論されたほうは補足理論を付け足して、またそれに反論が出て、そこでさらに補足理論が出され……と、もう何がなんだか分からなくなってしまうのだ。

現代でも、たとえば第14講でお話ししたジョン・ロールズの登場以来、政治哲学は四〇年くらいひどい混乱を見せていた。それぞれの論者がまったく異なる前提に依拠して理論を組み立てたので、嚙み合わない議論が延々と繰り広げられることになったのだ。シンプルであるべき哲学的思考が、むしろ複雑な（屁）理屈合戦になり下がってしまったのだ。

でも、混乱あるところ、いつかは必ずその突破口が見出されるものだ。

「神」をめぐる問題は、とりわけカントの功績によって終止符が打たれた。コラム⑤でもいったように、カントは、「神はいるか」とか「宇宙のはじまりは何か」とかいった「形而上学」的問題を、人間は決して明らかにすることができないと証明したのだ。

これによって、哲学の「問いの立て方」それ自体が変わることになった。人間は、「理性」を持っているかぎり形而上学的問題に答えることができない。このカントのシンプルな哲学的思考が、何百年もつづいた混乱を終わらせ、哲学を次のステージへと押し上げたのだ。

くわしく書く余裕はないけど、現代の政治哲学の問題も、僕は「欲望相関性の原理」によって解き明かすことができると考えている。どんな政治的信念も道徳的信念も、その前提の奥底には「欲望」がある。だから、欲望の次元にまでさかのぼり、そこからだれもが納得できる社会のあり方を導き出すことこそが、政治哲学の一番根源的な思考法なのだ。

最後にもう一度だけいっておこう。

〝よい〟思考はシンプルだ。そうじゃないと、だれも理解できないし使いこなせない。

だから哲学は、問題の本質を底の底までつきつめて、だれもが納得できるシンプルな考え方を出す。そうしてその問題を、根本から解き明かすのだ。

哲学的思考の本領は、ここにこそある。

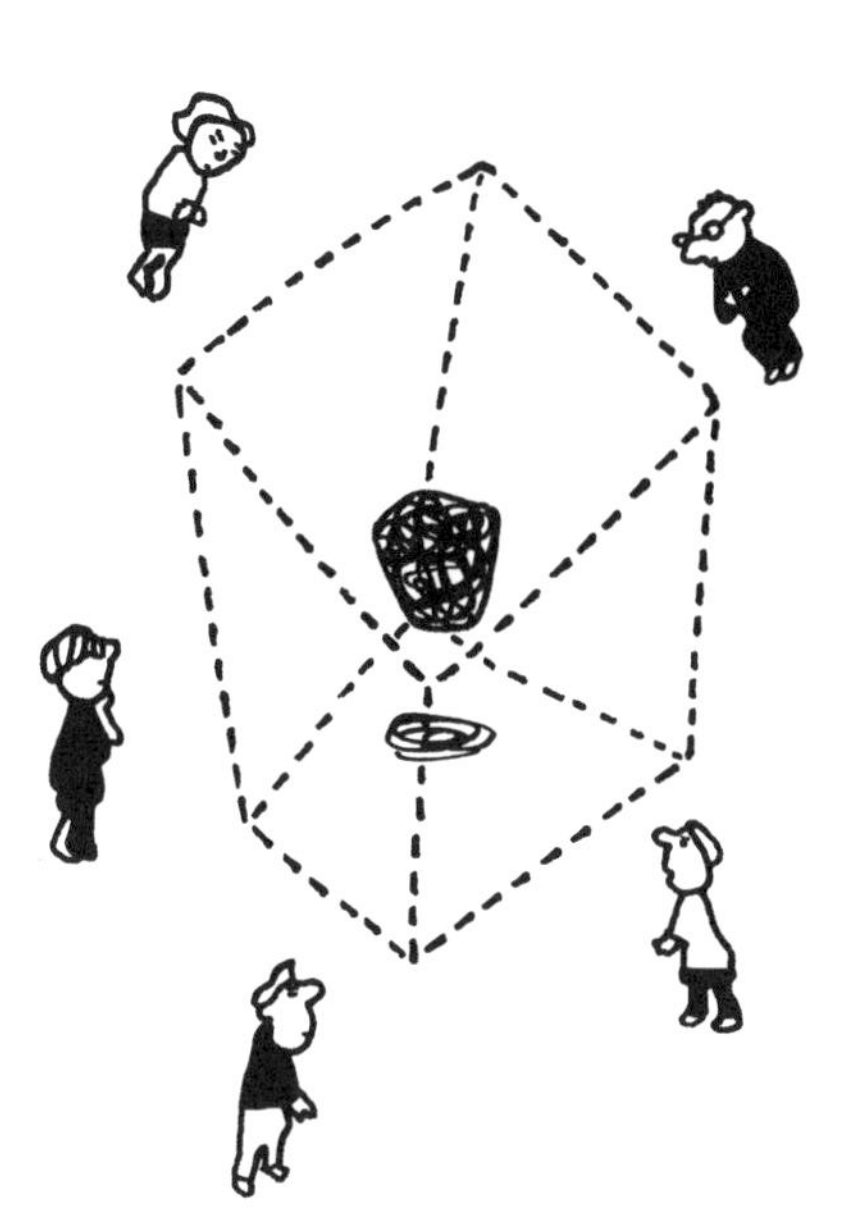

あとがき

本書は、筑摩書房のウェブサイト「ｗｅｂちくま」に、二〇一六年四月から半年間連載した「はじめての哲学的思考」を、大幅修正の上、倍量加筆したものです。

連載は、当初想像もしていなかったほどの大きな反響をいただきました。新記事がアップされるたびに「人気の記事」1位にランクインし、1位から5位までのすべてを独占したこともしばしばでした。哲学に関心を持ち、何らかの仕方で必要としている人が、今の時代こんなにもいらっしゃるんだなぁと、嬉（うれ）しく、また哲学徒として身が引き締まる思いでした。

「まえがき」にも書いたように、本書は、哲学的思考の〝奥義〟の数々を、読者の皆さんに惜しみなくお伝えするものです。

と、いいながらも、正直「ちょっと惜しいな」という気持ちはありました。長年にわたる修行を通して得てきたものを、こんな短い本に凝縮してしまっていいものなのか、と（笑）。

でも、僕にとっては、哲学の磨き抜かれた思考の〝すごさ〟〝強さ〟を、より多くの人が知り、使いこなせるようになってくれることの方が、やっぱりはるかに嬉しいし大事なことです。

本文でも書いたように、格差問題、環境問題、エネルギー問題、人口問題、テロリズム問題など、多くの〝答え〟の見えない問題を抱える現代において、僕は哲学的思考こそがひとつの大きな希望だと考えています。そうあってほしいと思っています。

対立から共通了解へ。そして相互承認へ。そんな哲学の思考の方法を、こんな時代だからこそ、より多くの人が身につけられたなら……。

そんなささやかな願いが、この本には込められています。多くの、特に若い人たちに広く読まれることを、心から願っています。

連載および本書の企画は、筑摩書房の吉澤麻衣子さんからいただきました。一年近く、何十回にもおよぶ原稿のやり取りを通しながら、僕がこの本で伝えるべきことはいったい何なのか、いっしょにとことん考えてくださいました。心から感謝申し上げます。

二〇一七年三月　苫野　一徳

［参考・引用文献］

J・アナス、J・バーンズ著、金山弥平訳『古代懐疑主義入門――判断保留の十の方式』岩波文庫、2015年
マックス・ヴェーバー著、富永祐治ほか訳『社会科学と社会政策にかかわる認識の「客観性」』岩波文庫、1998年
マックス・ヴェーバー著、大塚久雄訳『プロテスタンティズムの倫理と資本主義の精神』岩波文庫、1989年
ミルチア・エリアーデ著、風間敏夫訳『聖と俗――宗教的なるものの本質について』法政大学出版局、1969年
ミルチア・エリアーデ著、中村恭子訳『世界宗教史（1）』ちくま学芸文庫、2000年
イマヌエル・カント著、波多野精一ほか訳『実践理性批判』岩波文庫、1979年
イマヌエル・カント著、篠田英雄訳『純粋理性批判（上）（中）（下）』岩波文庫、1961、62年
イマヌエル・カント著、篠田英雄訳『道徳形而上学原論』岩波文庫、1976年
マイケル・サンデル著、鬼澤忍訳『これからの「正義」の話をしよう――いまを生き延びるための哲学』早川書房、2010年
スタンダール著、大岡昇平訳『恋愛論』新潮文庫、1970年
竹田青嗣『現象学は〈思考の原理〉である』ちくま新書、2004年

竹田青嗣『中学生からの哲学「超」入門――自分の意志を持つということ』ちくまプリマー新書、2009年
竹田青嗣『人間的自由の条件――ヘーゲルとポストモダン思想』講談社、2004年
ルネ・デカルト著、谷川多佳子訳『方法序説』岩波文庫、1997年
エミール・デュルケム著、古野清人訳『宗教生活の原初形態（上）（下）』岩波文庫、1975年
西研『哲学的思考――フッサール現象学の核心』ちくま学芸文庫、2005年
フリードリヒ・ニーチェ著、原佑訳『権力への意志（上）（下）』「ニーチェ全集」ちくま学芸文庫、1993年
フリードリッヒ・ニーチェ著、吉沢伝三郎訳『ツァラトゥストラ（上）（下）』「ニーチェ全集」9・10巻、ちくま学芸文庫、1993年
マルティン・ハイデッガー著、細谷貞雄訳『存在と時間（上）（下）』ちくま学芸文庫、1994年
ジュリアン・バジーニ著、向井和美訳『100の思考実験――あなたはどこまで考えられるか』紀伊國屋書店、2012年
ジョルジュ・バタイユ著、酒井健訳『エロティシズム』ちくま学芸文庫、2004年
エトムント・フッサール著、渡辺二郎訳『イデーン――純粋現象学と現象学的哲学のための諸構想Ⅰ―Ⅰ』みすず書房、1979年
エトムント・フッサール著、長谷川宏訳『経験と判断』河出書房新社、1999年
エトムント・フッサール著、立松弘孝訳『現象学の理念』みすず書房、1965年

プラトン著、久保勉訳『饗宴』岩波文庫、2008年
プラトン著、加来彰俊訳『ゴルギアス』岩波文庫、1967年
プラトン著、久保勉訳『ソクラテスの弁明・クリトン』岩波文庫、1964年
プラトン著、藤沢令夫訳『パイドロス』岩波文庫、1967年
レヴィ・ブリュル著、山田吉彦訳『未開社会の思惟（上）（下）』岩波文庫、1991年
J・G・フレイザー著、吉川信訳『初版　金枝篇（上）（下）』ちくま学芸文庫、2003年
G・W・F・ヘーゲル著、金子武蔵訳『精神の現象学（上）（下）』「ヘーゲル全集」岩波書店、1971年
G・W・F・ヘーゲル著、藤野渉・赤沢正敏訳『法の哲学Ⅰ・Ⅱ』中公クラシックス、2001年
トマス・ホッブズ著、水田洋訳『リヴァイアサン1〜4』岩波文庫、1982〜92年
ジャン＝ジャック・ルソー著、今野一雄訳『エミール（上）（中）（下）』岩波文庫、1962、63、64年
ジャン＝ジャック・ルソー著、桑原武夫ほか訳『社会契約論』岩波文庫、1954年
クロード・レヴィ＝ストロース著、大橋保夫訳『野生の思考』みすず書房、1976年
マレー・ロスバード著、森村進ほか訳『自由の倫理学——リバタリアニズムの理論体系』勁草書房、2003年
ジョン・ロールズ著、川本隆史ほか訳『正義論（改訂版）』紀伊國屋書店、2010年
『荘子Ⅰ・Ⅱ』（森三樹三郎訳）中公クラシックス、2001年

『大乗仏典』（中公バックス「世界の名著」2）長尾雅人ほか訳、中央公論社、1978年
『老子』（小川環樹訳）中公クラシックス、2005年
『論語Ⅰ・Ⅱ』（貝塚茂樹訳）中公クラシックス、2002、03年
苫野一徳『勉強するのは何のため？――僕らの「答え」のつくり方』日本評論社、2013年
苫野一徳『教育の力』講談社現代新書、2014年
苫野一徳『「自由」はいかに可能か――社会構想のための哲学』NHKブックス、2014年
苫野一徳『子どもの頃から哲学者――世界一おもしろい、哲学を使った「絶望からの脱出」！』大和書房、2016年

chikuma primer shinsho

ちくまプリマー新書276

はじめての哲学的思考

二〇一七年四月十日　初版第一刷発行
二〇二五年二月五日　初版第十四刷発行

著者　苫野一徳（とまの・いっとく）

装幀　クラフト・エヴィング商會

発行者　増田健史

発行所　株式会社筑摩書房
東京都台東区蔵前二-五-三　〒一一一-八七五五
電話番号　〇三-五六八七-二六〇一（代表）

印刷・製本　中央精版印刷株式会社

ISBN978-4-480-68981-8 C0210 Printed in Japan